NAJLEPSZA MAROKAŃSKA KSIĄŻKA KUCHARSKA

Odkrywanie jedzenia ponadczasowego kucharza dzięki 100 nowoczesnym przepisom

DARIA MARCINIAK

Prawa autorskie ©2024

Wszelkie prawa zastrzeżone

Żadna część tej książki nie może być wykorzystywana ani przekazywana w jakiejkolwiek formie i w jakikolwiek sposób bez odpowiedniej pisemnej zgody wydawcy i właściciela praw autorskich, z wyjątkiem krótkich cytatów użytych w recenzji. Niniejsza książka nie powinna być traktowana jako substytut porady lekarskiej, prawnej lub innej porady zawodowej.

SPIS TREŚCI

SPIS TREŚCI **3**
WSTĘP **6**
ŚNIADANIE I BRUNCH **7**
   1. Naleśniki Marokańskie (Baghrir) 8
   2. Marokański omlet z kiełbasą Merguez 10
   3. Marokański Khobz 12
   4. Marokańska herbata miętowa 15
   5. Marokańska Shakshuka 17
   6. Marokański omlet ze szpinakiem i fetą 19
   7. Marokańskie Chicharrónes Con Huevo 21
   8. Marokański suflet śniadaniowy 23
   9. Bekon, czerwona papryka i mozzarella Frittata 25
   10. Marokańskie tosty francuskie 27
   11. Załadowana marokańska polenta 29
   12. Śniadanie Bulgur z Gruszkami i Pekanami 31
   13. Muffinki śniadaniowe z otrębami 33
   14. Marokański wrap śniadaniowy 35
   15. Marokański hasz z dwóch ziemniaków 37
   16. Marokańskie muffinki jajeczne 39
   17. Miska greckiej bogini 41
   18. Nocna owsianka z orzeszkami piniowymi 43
   19. Jajecznica ze szpinakiem i jajkiem 45
   20. Mieszanka Fety i Pomidorów 47
   21. Tartine z wiśniami i ricottą 49
   22. Omlet z Pomidorów i Fety 51
   23. Jogurt Grecki z Miodem i Orzechami 53
   24. Marokańska miska śniadaniowa 55
   25. Marokańska kawa przyprawiona 57
   26. Marokańska sałatka z awokado i pomidorów 59
   27. Marokańskie Msemen (Kwadratowe Naleśniki) 61
PRZEKĄSKI I PRZYSTAWKI **63**
   28. Marokański hummus z harissą 64
   29. Marokańskie nadziewane daktyle 66
   30. Marokański szpinak i feta briouats 68
   31. Marokańska kiełbasa Merguez 70
   32. Marokańskie kebaby z wątróbki 72
   33. Marokańskie burgery wegetariańskie z Yamem 74
   34. nadziewane pomidory 77
   35. Labneh z oliwą z oliwek i za'atarem 79
   36. Placki z Solonego Dorsza z Aioli 81

37. Krokiety z krewetkami 83
38. Chrupiące placuszki z krewetkami 85
39. Kalmary z Rozmarynem i Olejkiem Chili 87
40. Sałatka Tortellini 89
41. Sałatka z makaronem caprese 91
42. Tost balsamiczny 93
43. Kulki do pizzy 95
44. Przekąski z przegrzebków i prosciutto 97
45. Bakłażany z Miodem 99
46. Dip z pieczonej czerwonej papryki i fety 101
47. Hiszpańsko-marokański kebab wołowy 103
48. Marokański hummus z awokado 105
49. Marokańskie tosty pomidorowe 107
50. Chrupiąca włoska mieszanka popcornu 109
51. Dip z czerwonej papryki i fety 111
52. Marokański dip hummusowy 113
53. Tapenada z Fety i Oliw 115
54. Marokańskie nadziewane liście winogron 117

DANIE GŁÓWNE 119
55. Marokańska zapiekanka z kurczakiem 120
56. Marokański tagine z ciecierzycy 123
57. Marokański gulasz z ciecierzycy 126
58. Miski z ciecierzycy z przyprawami marokańskimi 128
59. Marokańska duszona łopatka jagnięca z morelą 131
60. Marokańskie burgery z jagnięciną i harissą 134
61. Zapiekanka z ryżu i ciecierzycy po marokańsku 136
62. Marokańskie miski z łososiem i kaszą jaglaną 138
63. Gulasz z fasoli fava i mięsa 141
64. Marokańskie chilli jagnięce 143
65. Puree z fasoli fava - bissara 145
66. Tagine z jagnięciną i gruszką 147
67. Zupa z ryżu i soczewicy z Marakeszu 149
68. Gęsta zupa z ciecierzycy i mięsa / hareera 151
69. Marokańska miska Quinoa 153
70. Kurczak Marsala 155
71. Marokański Wrap Warzywny 157
72. Kurczak z czosnkowym serem Cheddar 159
73. Krewetki z Sosem Kremowym Pesto 161
74. Hiszpański ratatuj 163
75. Krewetki z Koprem Włoskim 165
76. Pieczony łosoś marokański 167
77. Zupa z białej fasoli 169
78. Krewetka _ gambas 171
79. Grillowany kurczak z ziołami cytrynowymi 173

80. Makaron Pomidorowo-Bazyliowy 175
81. Pieczony łosoś z salsą marokańską 177
82. Gulasz z ciecierzycy i szpinaku 179
83. Szaszłyki z krewetek cytrynowo-czosnkowych 181
84. Miska na sałatkę z komosy ryżowej 183
85. Gulasz z bakłażana i ciecierzycy 185
86. Dorsz pieczony w ziołach cytrynowych 187
87. Marokańska sałatka z soczewicy 189
88. Papryka faszerowana szpinakiem i fetą 191
89. Sałatka z krewetek i awokado 193
90. Włoskie Pieczone Udka Z Kurczaka 195
91. Papryka nadziewana komosą ryżową 197

DESER 199
92. Marokańskie ciasto z pomarańczą i kardamonem 200
93. Marokański sorbet pomarańczowy 202
94. Tarta Morelowo-Migdałowa 204
95. Marokańskie Pieczone Brzoskwinie 206
96. Ciasteczka z oliwą i cytryną 208
97. Marokańska sałatka owocowa 210
98. Marokański Miód i Pudding _ 212
99. Ciasto bez mąki z migdałami i pomarańczą 214
100. Ciasto z pomarańczą i oliwą z oliwek 216

WNIOSEK 218

WSTĘP

Marhaban! Witamy w „Najlepszej marokańskiej książce kucharskiej", Twojej bramie do odkrywania ponadczasowego i czarującego świata kuchni marokańskiej dzięki 100 nowoczesnym przepisom. Ta książka kucharska jest celebracją bogatego gobelinu smaków, aromatycznych przypraw i tradycji kulinarnych, które definiują kuchnię marokańską. Dołącz do nas w kulinarnej podróży, która wniesie do Twojej kuchni urok Maroka, łącząc tradycję z nowoczesnym akcentem.

Wyobraź sobie stół ozdobiony pachnącymi taginami, żywymi potrawami z kuskusu i dekadenckimi ciastami – a wszystko to inspirowane różnorodnymi krajobrazami i wpływami kulturowymi Maroka. „Najlepsza marokańska książka kucharska" to nie tylko zbiór przepisów; to eksploracja składników, technik i historii, które sprawiają, że kuchnia marokańska jest symfonią smaków. Niezależnie od tego, czy masz marokańskie korzenie, czy po prostu cenisz odważne i aromatyczne smaki Afryki Północnej, te przepisy zostały opracowane, aby poprowadzić Cię przez zawiłości kuchni marokańskiej.

Od klasycznych tagine, takich jak jagnięcina z morelami, po nowoczesne akcenty na kuskusie i pomysłowe wypieki – każdy przepis to celebracja świeżości, przypraw i gościnności, które definiują dania marokańskie. Niezależnie od tego, czy organizujesz uroczyste spotkanie, czy też delektujesz się przytulnym rodzinnym posiłkiem, ta książka kucharska to podstawowe źródło informacji, które pomoże Ci wprowadzić autentyczny smak Maroka na Twój stół.

Dołącz do nas podczas przemierzania kulinarnych krajobrazów Marrakeszu po Chefchaouen, gdzie każde danie jest świadectwem żywych i różnorodnych smaków, które sprawiają, że kuchnia marokańska jest cenioną tradycją kulinarną. Załóż więc fartuch, poczuj ducha marokańskiej gościnności i wyrusz w pyszną podróż po „Najlepszej marokańskiej książce kucharskiej".

ŚNIADANIE I BRUNCH

1. Naleśniki Marokańskie (Baghrir)

SKŁADNIKI:
- 1 szklanka semoliny
- 1/2 szklanki mąki uniwersalnej
- 1 łyżeczka aktywnych suchych drożdży
- 1 łyżeczka cukru
- 1/2 łyżeczki soli
- 1 1/2 szklanki ciepłej wody
- 1 łyżeczka proszku do pieczenia

INSTRUKCJE:

a) W blenderze wymieszaj semolinę, mąkę, drożdże, cukier i sól z ciepłą wodą, aż masa będzie gładka. Pozwól mu odpocząć przez 30 minut.

b) Do ciasta dodać proszek do pieczenia i miksować jeszcze kilka sekund.

c) Rozgrzej patelnię z powłoką nieprzywierającą na średnim ogniu.

d) Na patelnię wylewaj małe kółka ciasta. Gotuj, aż na powierzchni pojawią się bąbelki.

e) Przewrócić i chwilę smażyć po drugiej stronie.

f) Powtarzaj, aż całe ciasto zostanie wykorzystane.

g) Podawaj naleśniki z miodem lub dżemem.

h) Ciesz się śniadaniem inspirowanym stylem marokańskim!

2. Marokański omlet z kiełbasą Merguez

SKŁADNIKI:
- 4 jajka, ubite
- 1/2 szklanki ugotowanej i pokrojonej w plasterki kiełbasy merguez (lub dowolnej pikantnej kiełbasy)
- 1/4 szklanki pokrojonych w kostkę pomidorów
- 1/4 szklanki posiekanej cebuli
- 1/4 szklanki posiekanej świeżej kolendry
- Sól i pieprz do smaku
- Oliwa z oliwek do gotowania

INSTRUKCJE:
a) Rozgrzej oliwę z oliwek na patelni na średnim ogniu.
b) Cebulę podsmażamy do miękkości, następnie dodajemy pokrojone w kostkę pomidory i chwilę smażymy.
c) Dodaj pokrojoną w plasterki kiełbasę merguez i smaż, aż się zrumieni.
d) W misce roztrzepać jajka i doprawić solą i pieprzem.
e) Roztrzepane jajka wylać na kiełbasę i warzywa na patelni.
f) Posyp posiekaną kolendrą na wierzchu.
g) Smaż, aż jajka się zetną, składając omlet na pół.
h) Podawaj na gorąco i delektuj się aromatycznym marokańskim omletem.

3.Marokański Khobz

SKŁADNIKI:
- 4 szklanki mąki uniwersalnej
- 2 łyżeczki soli
- 2 łyżeczki cukru
- 1 łyżka aktywnych suchych drożdży
- 1 1/2 szklanki ciepłej wody

INSTRUKCJE:

a) W małej misce wymieszaj ciepłą wodę, cukier i aktywne suche drożdże. Mieszaj i odstaw na około 5-10 minut lub do momentu, aż zacznie się pienić. Oznacza to, że drożdże są aktywne.
b) W dużej misce wymieszaj mąkę i sól.
c) Na środku mąki zrób dołek i wlej do niego aktywowaną mieszaninę drożdży.
d) Zacznij mieszać składniki, aż powstanie lepkie ciasto.
e) Wyrośnięte ciasto wyłóż na lekko posypaną mąką powierzchnię.
f) Ciasto wyrabiamy około 10-15 minut, aż będzie gładkie i elastyczne. Być może będziesz musiał dodać trochę więcej mąki, aby zapobiec sklejaniu się ciasta, ale pamiętaj, aby ciasto było lekko lepkie.
g) Ciasto ponownie włożyć do miski miksującej, przykryć czystym ręcznikiem kuchennym i odstawić do wyrośnięcia w ciepłym, pozbawionym przeciągów miejscu na około 1 godzinę lub do czasu, aż podwoi swoją objętość.
h) Po pierwszym wyrośnięciu ugniatamy ciasto, aby pozbyć się pęcherzyków powietrza.
i) Podziel ciasto na 6-8 równych porcji, w zależności od pożądanej wielkości khobzu.
j) Zwiń każdą porcję w kulkę, a następnie spłaszcz ją w okrągły krążek o grubości około 1/4 cala. Rozmiar powinien odpowiadać małemu talerzowi obiadowemu.
k) Uformowany khobz ułożyć na wyłożonej pergaminem blasze do pieczenia.
l) Przykryj je czystym ręcznikiem kuchennym i pozostaw do wyrośnięcia na kolejne 30-45 minut.
m) Rozgrzej piekarnik do 220°C (430°F).
n) Opcjonalnie tuż przed pieczeniem można w khobzu zrobić opuszkami palców niewielkie wgłębienia.
o) Włóż blachę do pieczenia do nagrzanego piekarnika.
p) Piec przez około 15-20 minut lub do momentu, aż khobz lekko się zarumieni i będzie miał lekką skórkę.
q) Podawaj marokański Khobz na ciepło. Idealnie nadaje się do nabierania marokańskich gulaszy, tagine lub robienia kanapek.

4. Marokańska herbata miętowa

SKŁADNIKI:
- 2 łyżki stołowe Chińska zielona herbata
- 5 filiżanek Gotująca się woda
- 1 pęczek świeżej mięty, umytej
- 1 filiżanka Cukier

INSTRUKCJE:
a) Włóż herbatę do dzbanka. Wlać wrzącą wodę.
b) Parz przez 3 minuty.
c) Dodaj miętę do garnka.
d) Parz przez 4 minuty. Dodaj cukier.
e) Podawać.

5.Marokańska Shakshuka

SKŁADNIKI:
- 1 łyżka oliwy z oliwek
- 1 cebula, drobno posiekana
- 1 czerwona papryka, posiekana
- 1 puszka (14 uncji) pokruszonych pomidorów
- 4 duże jajka

INSTRUKCJE:

a) Rozgrzej oliwę z oliwek na patelni na średnim ogniu. Dodaj posiekaną cebulę i czerwoną paprykę, smaż, aż zmiękną.

b) Na patelnię dodaj pokrojone pomidory, gotuj na wolnym ogniu przez 10 minut.

c) W masie pomidorowej zrób wgłębienia i wbij do nich jajka.

d) Przykryj i gotuj, aż jajka osiągną pożądaną konsystencję.

e) Podawaj Shakshukę i ciesz się ulubionym chrupiącym pieczywem.

6. Marokański omlet ze szpinakiem i fetą

SKŁADNIKI:
- 2 duże jajka
- 1 łyżka oliwy z oliwek
- ¼ szklanki sera feta, pokruszonego
- Garść liści szpinaku
- Sól i pieprz do smaku

INSTRUKCJE:

a) W misce roztrzep jajka, dopraw solą i pieprzem.
b) Rozgrzej oliwę z oliwek na patelni z powłoką nieprzywierającą na średnim ogniu.
c) Dodać szpinak i smażyć aż zwiędnie.
d) Roztrzepane jajka wylać na warzywa i odstawić na chwilę.
e) Posyp serem feta jedną połówkę omletu i przykryj drugą połówką.
f) Gotuj, aż jajka całkowicie się zetną.

7. Marokańskie Chicharrónes Con Huevo

SKŁADNIKI:
- 1 szklanka chicharrónes wieprzowych (smażonych skórek wieprzowych), pokruszonych
- 4 duże jajka
- ½ szklanki pokrojonych w kostkę pomidorów
- ¼ szklanki pokrojonej w kostkę czerwonej cebuli
- 2 łyżki oliwy z oliwek

INSTRUKCJE:
a) W misce ubij jajka i dopraw solą i pieprzem.
b) Rozgrzej oliwę z oliwek na patelni na średnim ogniu.
c) Na patelnię dodaj pokrojone w kostkę pomidory, pokrojoną w kostkę czerwoną cebulę i pokrojone w kostkę papryczki jalapeño. Smażyć, aż warzywa zmiękną.
d) Na patelnię wlać roztrzepane jajka, delikatnie wymieszać, aby połączyć się z warzywami.
e) Gdy jajka zaczną się ścinać, dodaj pokruszone chicharrónes na patelnię, kontynuując mieszanie, aż jajka się zetną.
f) Podawać na gorąco, posypane posiekaną świeżą kolendrą i plasterkami limonki z boku.

8. Marokański suflet śniadaniowy

SKŁADNIKI:

- 6 dużych jaj, oddzielonych
- ½ szklanki sera feta, pokruszonego
- ¼ szklanki czarnych oliwek, pokrojonych w plasterki
- ¼ szklanki suszonych pomidorów, posiekanych
- ¼ szklanki świeżej bazylii, posiekanej

INSTRUKCJE:

a) Rozgrzej piekarnik do 190°C (375°F).
b) Ubij żółtka, aż dobrze się połączą w dużej misce.
c) W osobnej misce ubijaj białka, aż utworzą się sztywne szczyty.
d) Delikatnie wymieszaj z ubitymi żółtkami ser feta, pokrojone w plasterki czarne oliwki, posiekane suszone pomidory i świeżą bazylię.
e) Ostrożnie dodaj ubite białka, aż się połączą.
f) Dopraw solą i pieprzem do smaku.
g) Nasmaruj naczynie do pieczenia i wlej do niego mieszaninę.
h) Piec przez 25-30 minut lub do momentu, aż suflet będzie napęczniały i złocistobrązowy.
i) Wyjąć z piekarnika i pozostawić do ostygnięcia przed podaniem.

9. Bekon, czerwona papryka i mozzarella Frittata

SKŁADNIKI:

- 7 plasterków boczku
- 1 łyżka oliwy z oliwek
- 4 duże jajka
- 4 uncje świeżego sera mozzarella, pokrojonego w kostkę
- 1 średnia czerwona papryka

INSTRUKCJE:

a) Rozgrzej piekarnik do 350°F.
b) Na rozgrzaną patelnię wlej 1 łyżkę oliwy z oliwek i podsmaż 7 plasterków boczku, aż się zrumieni.
c) Dodaj posiekaną czerwoną paprykę na patelnię i dobrze wymieszaj.
d) Ubij 4 duże jajka w misce, dodaj 4 uncje świeżej mozzarelli pokrojonej w kostkę i dobrze wymieszaj.
e) Dodaj mieszaninę jajek i sera na patelnię, dbając o równomierne rozprowadzenie.
f) Smaż, aż jajka zaczną osadzać się na brzegach.
g) Zetrzyj 2 uncje koziego sera na wierzch frittaty.
h) Przenieś patelnię do piekarnika i piecz przez 6-8 minut w temperaturze 350°F, następnie piecz przez dodatkowe 4-6 minut, aż wierzch będzie złotobrązowy.
i) Wyjąć z piekarnika i dać mu chwilę odpocząć.
j) Ostrożnie zdejmij frittatę z patelni, udekoruj świeżą posiekaną natką pietruszki i pokrój w plasterki przed podaniem.

10.Marokańskie tosty francuskie

SKŁADNIKI:
- 8 kromek ulubionego chleba
- 4 duże jajka
- 1 szklanka mleka
- 1 łyżeczka ekstraktu waniliowego
- ½ szklanki mieszanych jagód (truskawki, jagody, maliny)

INSTRUKCJE:
a) W płytkim naczyniu wymieszaj jajka, mleko i ekstrakt waniliowy.
b) Rozgrzej patelnię grillową lub patelnię z powłoką nieprzywierającą i dodaj masło lub oliwę z oliwek.
c) Zanurzaj każdą kromkę chleba w mieszance jajecznej, pokrywając nią obie strony.
d) Smażyć chleb na patelni na złoty kolor z każdej strony (około 3-4 minuty na stronę).
e) Podawaj tosty francuskie posypane mieszanką jagód.

11.Załadowana marokańska polenta

SKŁADNIKI:

- 1 szklanka polenty
- 4 szklanki bulionu warzywnego
- 2 łyżki oliwy z oliwek
- 1 puszka (400 g) pokrojonych w kostkę pomidorów, odsączonych
- 1 szklanka posiekanych serc karczochów

INSTRUKCJE:

a) W średnim rondlu zagotuj bulion warzywny. Wsyp polentę, ciągle mieszając, aż masa będzie gęsta i kremowa.

b) Na osobnej patelni rozgrzej oliwę z oliwek na średnim ogniu. Podsmaż drobno posiekaną cebulę, aż będzie przezroczysta.

c) Na patelnię dodaj posiekany czosnek i smaż kolejne 1-2 minuty.

d) Dodaj odsączone, pokrojone w kostkę pomidory, posiekane serca karczochów, dopraw solą i pieprzem. Gotuj przez 5-7 minut, aż się rozgrzeje.

e) Na polentę wlać marokańską mieszankę warzywną, delikatnie wymieszać do połączenia.

12. Śniadanie Bulgur Z Gruszkami I Pekanami

SKŁADNIKI:

- 2 szklanki wody
- 1/2 łyżeczki soli
- 1 szklanka średniego bulguru
- 1 łyżka wegańskiej margaryny
- 2 dojrzałe gruszki, obrane, pozbawione gniazd nasiennych i posiekane
- 1/4 szklanki posiekanych orzechów pekan

INSTRUKCJE:

a) W dużym rondlu na dużym ogniu zagotuj wodę.
b) Dodać sól i wymieszać z bulgurem. Zmniejsz ogień do małego, przykryj i gotuj na wolnym ogniu, aż bulgur będzie miękki, a płyn wchłonie się przez około 15 minut.
c) Zdjąć z ognia i wymieszać z margaryną, gruszkami i orzechami pekan.
d) Przykryj i odstaw na kolejne 12 do 15 minut przed podaniem.

13. Muffinki śniadaniowe z otrębami

SKŁADNIKI:
- 2 szklanki płatków zbożowych z otrąb
- 1 1/2 szklanki mąki uniwersalnej
- 1/2 szklanki rodzynek
- 1/3 szklanki cukru
- 3/4 szklanki świeżego soku pomarańczowego

INSTRUKCJE:
a) Rozgrzej piekarnik do 400°F.
b) Delikatnie naoliwij formę do muffinów na 12 muffinów lub wyłóż ją papierowymi papilotkami.
c) W dużej misce wymieszaj płatki otrębowe, mąkę, rodzynki, cukier i sól.
d) W średniej misce wymieszaj świeży sok pomarańczowy i olej.
e) Wlać mokre składniki do suchych i wymieszać aż do zwilżenia.
f) Łyżką nałóż ciasto do przygotowanej formy na muffiny, wypełniając foremki do około dwóch trzecich wysokości.
g) Piec do złotego koloru i wykałaczki włożonej w muffinkę po wyjęciu suchą, około 20 minut.
h) Podawaj muffinki na ciepło.

14. Marokański wrap śniadaniowy

SKŁADNIKI:
- Wrap pełnoziarnisty lub podpłomyk
- Hummus
- Wędzony łosoś
- Ogórek, pokrojony w cienkie plasterki
- Świeży koperek, posiekany

INSTRUKCJE:

a) Rozłóż hummus równomiernie na opakowaniu pełnoziarnistym.
b) Ułóż warstwy wędzonego łososia i pokrojonego w cienkie plasterki ogórka.
c) Posypać posiekanym świeżym koperkiem.
d) Zwiń ciasno folię i przekrój ją na pół.

15. Marokański hasz z dwóch ziemniaków

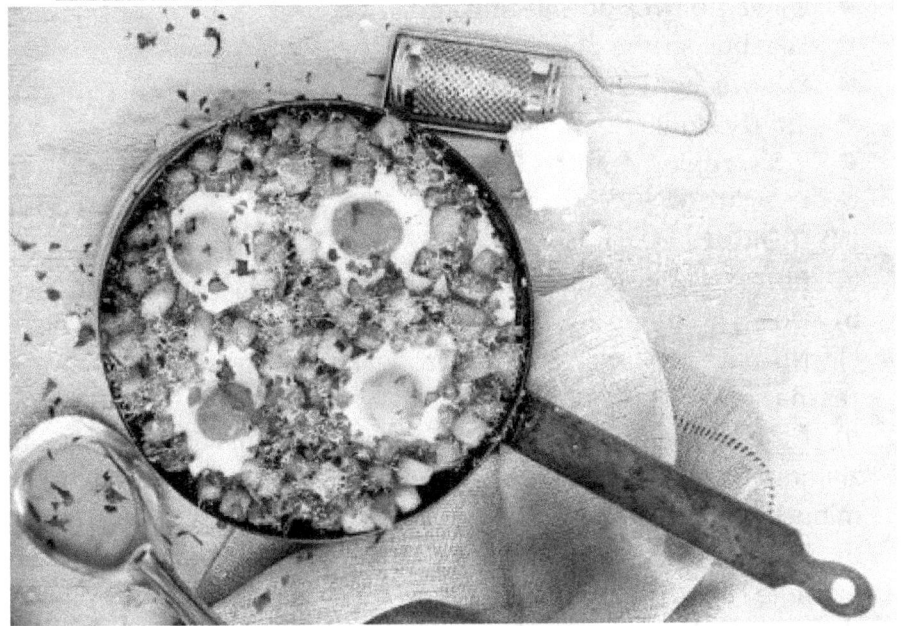

SKŁADNIKI:

- Oliwa z oliwek do smażenia
- ½ cebuli, grubo posiekanej
- 80g wędzonych kostek pancetty
- 1 duży słodki ziemniak, pokrojony w 2 cm kostkę
- 2-3 średnie ziemniaki Désirée, pokrojone w 2 cm kostkę

INSTRUKCJE:

a) Rozgrzej oliwę z oliwek na dużej patelni na średnim ogniu.
b) Dodaj grubo posiekaną cebulę i smaż, aż będzie przezroczysta.
c) Na patelnię wrzucamy wędzone kostki pancetty i smażymy, aż zaczną się rumienić.
d) Na patelnię dodaj słodkie ziemniaki i ziemniaki Désirée. Gotuj, aż ziemniaki będą miękkie i będą mieć złocistobrązową skórkę (około 15 minut).
e) Zrób cztery dołki w haszu i wbij jajko do każdego z nich. Przykryj patelnię i smaż, aż jajka będą gotowe, tak jak lubisz.
f) Udekoruj drobno startym parmezanem i posiekaną świeżą natką pietruszki.

16.Marokańskie muffinki jajeczne

SKŁADNIKI:
- 6 dużych jaj
- ½ szklanki pomidorków koktajlowych, pokrojonych w kostkę
- ½ szklanki posiekanego szpinaku
- ¼ szklanki sera feta, pokruszonego
- 1 łyżka czarnych oliwek, pokrojonych w plasterki

INSTRUKCJE:

a) Rozgrzej piekarnik do 190°C (375°F). Formę do muffinów wysmaruj oliwą lub użyj papierowych papilotek.
b) W misce wymieszaj jajka. Doprawić solą i pieprzem.
c) Na patelni podsmaż pomidorki koktajlowe, szpinak i czerwoną paprykę na oliwie z oliwek, aż zmiękną.
d) Rozłóż równomiernie smażone warzywa w przygotowanej formie na muffiny.
e) Wlać roztrzepane jajka do warzyw w każdej muffinkowej formie.
f) Na wierzch każdej muffinki jajecznej posyp pokruszonym serem feta, pokrojonymi w plasterki czarnymi oliwkami i posiekaną świeżą natką pietruszki.
g) Piec w nagrzanym piekarniku przez 15-20 minut lub do momentu, aż jajka się zetną, a wierzch będzie złotobrązowy.
h) Zanim wyjmiesz muffinki z formy, poczekaj kilka minut, aż muffinki jajeczne ostygną.

17. Miska greckiej bogini

SKŁADNIKI:
- 1 szklanka ugotowanej komosy ryżowej lub bulguru
- 1 szklanka pomidorków koktajlowych, przekrojonych na połówki
- 1 ogórek, pokrojony w kostkę
- ½ szklanki oliwek Kalamata, wypestkowanych i pokrojonych w plasterki
- ½ szklanki sera feta, pokruszonego

INSTRUKCJE:

a) W dużej misce połącz ugotowaną komosę ryżową lub kaszę bulgur, pomidorki koktajlowe, ogórek, oliwki Kalamata i pokruszony ser feta.
b) Podziel mieszaninę do dwóch misek.
c) W razie potrzeby udekoruj świeżą natką pietruszki.
d) Podawaj natychmiast i ciesz się uproszczoną miską greckiej bogini!

18. Nocna owsianka z orzeszkami piniowymi

SKŁADNIKI:
- 1 szklanka staromodnych płatków owsianych
- 1 szklanka jogurtu greckiego
- 1 szklanka mleka (mlecznego lub roślinnego)
- 2 łyżki miodu
- 2 łyżki orzeszków piniowych, uprażonych

INSTRUKCJE:

a) W misce wymieszaj płatki owsiane, jogurt grecki, mleko, miód i ekstrakt waniliowy. Mieszaj, aż dobrze się wymiesza.

b) Dodać prażone orzeszki piniowe.

c) Podziel mieszaninę do dwóch słoików lub hermetycznych pojemników.

d) Zamknij słoiki lub pojemniki i wstaw do lodówki na noc lub co najmniej na 4 godziny, aby płatki owsiane zmiękły, a smaki się połączyły.

e) Przed podaniem dobrze wymieszaj nocne płatki owsiane. Jeśli jest za gęste, można dodać odrobinę mleka do uzyskania pożądanej konsystencji.

19. Jajecznica ze szpinakiem i jajkiem

SKŁADNIKI:
- 4 duże jajka
- 2 szklanki świeżego szpinaku, posiekanego
- 1 łyżka oliwy z oliwek
- ½ cebuli, drobno posiekanej
- Sól i pieprz do smaku

INSTRUKCJE:

a) W misce ubij jajka i dopraw solą i pieprzem.
b) Rozgrzej oliwę z oliwek na patelni na średnim ogniu.
c) Dodać posiekaną cebulę i smażyć, aż zmięknie.
d) Na patelnię dodaj posiekany czosnek i posiekany szpinak. Gotuj, aż szpinak zwiędnie.
e) Wlać roztrzepane jajka na patelnię z mieszanką szpinakową.
f) Delikatnie mieszaj jajka szpatułką, aż będą ugotowane, ale nadal wilgotne.
g) Zdejmij patelnię z ognia.
h) Opcjonalnie: W razie potrzeby posyp jajka pokruszonym serem feta i wymieszaj.
i) Udekoruj przekrojonymi na połówki pomidorkami koktajlowymi i posiekaną świeżą natką pietruszki.
j) Podawaj gorącą jajecznicę ze szpinakiem i jajkiem i ciesz się smakiem!

20.Mieszanka Fety i Pomidorów

SKŁADNIKI:
- Jajka
- Ser feta, pokruszony
- Pomidorki koktajlowe, pokrojone w kostkę
- Świeża bazylia, posiekana
- Oliwa z oliwek

INSTRUKCJE:
a) W misce ubij jajka i dopraw solą i pieprzem.
b) Na patelni rozgrzej oliwę z oliwek i wbij jajka.
c) Dodać pokruszoną fetę i pokrojone w kostkę pomidorki koktajlowe.
d) Gotuj, aż jajka całkowicie się zetną.
e) Przed podaniem posypujemy posiekaną świeżą bazylią.

21. Tartine z wiśniami i ricottą

SKŁADNIKI:
- 2 kromki chleba pełnoziarnistego, tostowe
- ½ szklanki sera ricotta
- 1 szklanka świeżych wiśni, wypestkowanych i przekrojonych na połówki
- 1 łyżka miodu
- 1 łyżka posiekanych pistacji

INSTRUKCJE:

a) Opiecz kromki pełnoziarnistego chleba według własnych upodobań.
b) Na każdą kromkę tostowego chleba posmaruj dużą warstwą sera ricotta.
c) Na ricottę ułóż połówki świeżych wiśni, równomiernie je układając.
d) Skropić wiśnie miodem, upewniając się, że jest równomiernie rozprowadzony.
e) Posyp tartinki posiekanymi pistacjami, aby dodać im chrupkości i smaku.

22. Omlet z Pomidorów i Fety

SKŁADNIKI:

- 2 łyżeczki oliwy z oliwek
- 4 jajka, ubite
- 8 pomidorków koktajlowych, posiekanych
- 50 g sera feta, pokruszonego
- mieszanka liści sałat, do podania (opcjonalnie)

INSTRUKCJE:

a) Na patelni rozgrzewamy oliwę, wbijamy jajka i smażymy, od czasu do czasu mieszając. Po kilku minutach posypać fetą i pomidorami. Gotuj przez kolejną minutę przed podaniem.

b) Na patelni z pokrywką rozgrzej oliwę, następnie smaż cebulę, chili, czosnek i łodygi kolendry przez 5 minut, aż będą miękkie. Dodaj pomidory i gotuj na wolnym ogniu przez 8-10 minut.

c) Tylną częścią dużej łyżki wykonaj 4 zanurzenia w sosie, a następnie wbij jajko do każdego z nich. Połóż pokrywkę na patelni, następnie smaż na małym ogniu przez 6-8 minut, aż jajka będą gotowe według twoich upodobań.

d) Posyp listkami kolendry i podawaj z pieczywem.

23.Jogurt Grecki z Miodem i Orzechami

SKŁADNIKI:
- jogurt grecki
- Miód
- Posiekane migdały
- Orzechy włoskie, posiekane
- Świeże jagody (opcjonalnie)

INSTRUKCJE:

a) Do miski włóż jogurt grecki.

b) Jogurt polej miodem.

c) Na wierzch posypujemy posiekanymi migdałami i orzechami włoskimi.

d) W razie potrzeby dodaj świeże jagody.

24. Marokańska miska śniadaniowa

SKŁADNIKI:
- Gotowana komosa ryżowa
- Hummus
- Ogórek, pokrojone w kostkę
- Pomidory wiśniowe, przekrojone na połówki
- Oliwki Kalamata, pokrojone w plasterki

INSTRUKCJE:
a) Ugotowaną quinoę przełóż do miski.
b) Dodaj łyżkę hummusu.
c) Rozłóż pokrojony w kostkę ogórek, przekrojone na połówki pomidorki koktajlowe i pokrojone oliwki Kalamata.
d) Wymieszaj razem przed rozkoszowaniem się.

25. Marokańska kawa przyprawiona

SKŁADNIKI:

- ¼ łyżeczki mielonego cynamonu
- ⅛ łyżeczki mielonego kardamonu
- 1 filiżanka mocnej parzonej kawy
- ⅛ łyżeczki zmielonych goździków
- ¼ łyżeczki mielonej gałki muszkatołowej
- Cukier lub miód do smaku (opcjonalnie)
- Mleko lub śmietana (opcjonalnie)

INSTRUKCJE:

a) Rozpocznij od przygotowania mocnego naparu kawowego przy użyciu ulubionego ekspresu do kawy. Sięgnij po świeżo zmieloną kawę ziarnistą, aby delektować się najwyższą świeżością w smaku.
b) Podczas gdy kawa jest w procesie parzenia, przygotuj mieszankę przypraw.
c) Połącz mielony cynamon, mielony kardamon, mielone goździki i mieloną gałkę muszkatołową w małej misce. Dokładnie wymieszaj te przyprawy.
d) Gdy kawa będzie gotowa, przelej ją do kubka.
e) Świeżo zaparzoną kawę posyp mieszanką przypraw.
f) Dostosuj ilość przypraw do swojego gustu. Możesz zacząć od podanych wymiarów i dodawać ich więcej, aby uzyskać odważniejszy napar przyprawowy.
g) W razie potrzeby posłódź swoją marokańską kawę przyprawioną cukrem lub miodem według własnych upodobań.
h) Mieszaj, aż słodzik całkowicie się rozpuści.
i) Aby uzyskać kremową konsystencję, rozważ dodanie na tym etapie odrobiny mleka lub śmietanki.
j) Energicznie wymieszaj kawę, aby równomiernie rozprowadzić przyprawy i słodzik.
k) Delektuj się marokańską przyprawioną kawą, póki jest gorąca.

26. Marokańska sałatka z awokado i pomidorów

SKŁADNIKI:

- 2 dojrzałe awokado, pokrojone w kostkę
- 2 pomidory pokrojone w kostkę
- 1/4 szklanki czerwonej cebuli, drobno posiekanej
- 2 łyżki posiekanej świeżej pietruszki
- 1 łyżka oliwy z oliwek
- 1 łyżka soku z cytryny
- Sól i pieprz do smaku

INSTRUKCJE:

a) W misce wymieszaj pokrojone w kostkę awokado, pomidory, czerwoną cebulę i świeżą pietruszkę.
b) W małej misce wymieszaj oliwę z oliwek, sok z cytryny, sól i pieprz.
c) Sosem polej sałatkę i delikatnie wymieszaj, aby składniki się połączyły.
d) Podawać natychmiast jako orzeźwiający dodatek.

27. Marokańskie Msemen (Kwadratowe Naleśniki)

SKŁADNIKI:

- 3 szklanki mąki uniwersalnej
- 1 szklanka drobnej semoliny
- 1 łyżeczka soli
- 1 łyżka cukru
- 1 łyżka drożdży
- 1 1/2 do 2 szklanek ciepłej wody
- Oliwa z oliwek do posmarowania

INSTRUKCJE:

a) W dużej misce wymieszaj mąkę, semolinę, sól, cukier i drożdże.
b) Stopniowo dodawaj ciepłą wodę i ugniataj, aż uzyskasz miękkie, elastyczne ciasto.
c) Ciasto podzielić na porcje wielkości piłek golfowych.
d) Każdą kulkę spłaszcz na cienki kwadrat lub prostokąt.
e) Posmaruj każdy bok kwadratu oliwą z oliwek.
f) Smażyć kwadraty na rozgrzanej patelni lub patelni na złoty kolor z obu stron.
g) Podawać na ciepło z miodem lub dżemem.

PRZEKĄSKI I PRZYSTAWKI

28. Marokański hummus z harissą

SKŁADNIKI:
- 1 puszka (15 uncji) ciecierzycy, odsączona i opłukana
- 3 łyżki tahini
- 2 ząbki czosnku, posiekane
- 2 łyżki oliwy z oliwek
- Sok z 1 cytryny
- 1 łyżeczka mielonego kminku
- Sól i pieprz do smaku
- Pasta Harissa do dekoracji
- Posiekana świeża pietruszka do dekoracji

INSTRUKCJE:
a) W robocie kuchennym wymieszaj ciecierzycę, tahini, czosnek, oliwę z oliwek, sok z cytryny, kminek, sól i pieprz.
b) Mieszaj, aż masa będzie gładka i kremowa.
c) Przełóż hummus do miski, w której będziesz podawać.
d) Zrób wgłębienie na środku i dodaj odrobinę pasty harissy.
e) Udekoruj posiekaną natką pietruszki.
f) Podawać z chlebem pita lub paluszkami warzywnymi.

29. Marokańskie nadziewane daktyle

SKŁADNIKI:
- Daktyle Medjool, bez pestek
- Kremowy ser kozi
- Orzechy włoskie lub migdały, całe lub połówki
- Miód do posypania
- Mielony cynamon do posypania

INSTRUKCJE:

a) Weź każdą wypestkowaną daktylę i napełnij ją niewielką ilością kremowego koziego sera.
b) Do sera wciśnij orzech włoski lub migdał.
c) Nadziewane daktyle ułóż na talerzu.
d) Daktyle skrop miodem.
e) Posyp mielonym cynamonem.
f) Podawać jako słodka i słona przekąska marokańska.

30.Marokański szpinak i feta briouats

SKŁADNIKI:
- 1 szklanka ugotowanego szpinaku, posiekanego i odsączonego
- 1/2 szklanki pokruszonego sera feta
- 1/4 szklanki posiekanej świeżej kolendry
- 1/4 szklanki posiekanej zielonej cebuli
- 1 łyżeczka mielonego kminku
- Sól i pieprz do smaku
- Arkusze ciasta filo
- Roztopione masło do posmarowania

INSTRUKCJE:
a) Rozgrzej piekarnik do 190°C (375°F).
b) W misce wymieszaj ugotowany szpinak, ser feta, kolendrę, zieloną cebulę, kminek, sól i pieprz.
c) Weź arkusz ciasta filo i posmaruj go lekko roztopionym masłem.
d) Na jednym końcu arkusza filo umieść łyżkę mieszanki szpinaku i fety.
e) Złóż filo na nadzienie, tworząc trójkąt.
f) Kontynuuj składanie w trójkąt.
g) Briouaty ułożyć na blasze do pieczenia i posmarować ich wierzch roztopionym masłem.
h) Piec w nagrzanym piekarniku przez 15-20 minut lub do złotego koloru.
i) Przed podaniem pozostawić do lekkiego ostygnięcia.

31. Marokańska kiełbasa Merguez

SKŁADNIKI:

- 2 łyżeczki nasion kminku
- 2 łyżeczki nasion kopru włoskiego
- 2 łyżeczki nasion kolendry
- 2 łyżki papryki
- 3 łyżeczki mielonego pieprzu cayenne
- 1 łyżeczka mielonego cynamonu
- 1 łyżeczka mielonego sumaku (opcjonalnie)
- 3 funty mielonej jagnięciny
- 1/2 szklanki oliwy z oliwek z pierwszego tłoczenia
- 1 szklanka świeżej kolendry, drobno posiekanej
- 1/2 szklanki świeżych liści mięty, drobno posiekanych 6 dużych ząbków czosnku, drobno posiekanych 4 łyżeczki soli koszernej

INSTRUKCJE:

a) Na patelni o grubym dnie lub żeliwnej patelni połącz kminek, koper włoski i nasiona kolendry i opiekaj na średnim ogniu przez 2 minuty lub do momentu, aż zacznie pachnieć. Lekko ostudzić, a następnie zmielić w młynku do przypraw na drobny i puszysty proszek. (Uwaga: zamiast całych przypraw można także użyć mielonych, ale smak będzie lepszy, gdy dodamy je w całości)

b) Połącz mielone prażone przyprawy z papryką, cayenne, cynamonem i sumakiem. W dużej misce połącz przyprawy z mieloną jagnięciną, oliwą, kolendrą, miętą, czosnkiem i solą i mieszaj, aż dobrze się połączą (używam miksera, aby mieć pewność, że wszystko jest równomiernie połączone).

c) W razie potrzeby podsmaż na patelni niewielką ilość mięsa i spróbuj, aby sprawdzić smak. Dostosuj przyprawy według uznania.

d) Aby nadać kształt, zwiń przyprawioną mieszankę jagnięcą w małe rurki o długości około 4 cali i szerokości 1 cala. W razie potrzeby możesz także zrobić pasteciki. Kiełbasę można ugotować od razu lub można zawinąć i zamrozić na czas nieokreślony. Aby ugotować, grilluj kiełbasę lub smaż na patelni, aż będzie ugotowana.

32.Marokańskie kebaby z wątróbki

SKŁADNIKI:
- 8 uncji tłuszczu nerkowego, opcjonalnego, ale wskazanego, pokrojonego w kostkę
- 2,2 funta świeżej wątroby cielęcej lub jagnięcej (najlepiej wątróbki cielęcej), usuń przezroczystą błonę, pokrój w kostkę o grubości ¾ cala

MARYNATA
- 2 łyżki mielonej słodkiej papryki
- 2 łyżeczki soli
- 1 łyżeczka mielonego kminku

SŁUŻYĆ
- 2 łyżeczki mielonego kminku
- 2 łyżeczki pieprzu cayenne (opcjonalnie)
- 2 łyżeczki soli

Wskazówki :
a) Wątrobę i tłuszcz umieścić w misce i dobrze wymieszać.
b) Posyp papryką, solą i kminkiem i jeszcze raz wymieszaj, aż dobrze się nią pokryje.
c) Przykryj miskę i wstaw do lodówki na 1 - 8 godzin.
d) Na 30 minut przed grillowaniem wyjmij miskę z lodówki.
e) Rozłóż grill i rozgrzej go do średnio-wysokiej temperatury.
f) Na patyczki do szaszłyków nabijaj kostki wątroby na przemian z kostkami tłuszczu nerkowego, nie zostawiając pomiędzy nimi przerw. Na każdym szpikulcu połóż około 6 - 8 kostek wątroby.
g) Przygotowane szaszłyki układamy na grillu i grillujemy około 8 – 10 minut, często obracając. Wątróbka powinna być dobrze ugotowana w środku i gąbczasta po naciśnięciu.
h) Podawać na gorąco.

33. Marokańskie burgery wegetariańskie z Yamem

SKŁADNIKI:

- 1,5 szklanki startego ignamu
- 2 ząbki czosnku, obrane
- ¾ szklanki świeżych liści kolendry
- 1 kawałek świeżego imbiru, obrany
- 15-uncjowa puszka ciecierzycy, odsączona i przepłukana
- 2 łyżki mielonego lnu wymieszanego z 3 łyżkami wody
- ¾ szklanki płatków owsianych zmielonych na mąkę
- ½ łyżki oleju sezamowego
- 1 łyżka aminokwasów kokosowych lub tamari o niskiej zawartości sodu
- ½-¾ łyżeczki drobnoziarnistej soli morskiej lub różowej soli himalajskiej do smaku
- Świeżo zmielony czarny pieprz do smaku
- 1 ½ łyżeczki chili w proszku
- 1 łyżeczka kminku
- ½ łyżeczki kolendry
- ¼ łyżeczki cynamonu
- ¼ łyżeczki kurkumy
- ½ szklanki sosu tahini z kolendrą i limonką

INSTRUKCJE:

a) Rozgrzej piekarnik do 350F. Blachę do pieczenia wyłóż kawałkiem papieru pergaminowego.
b) Obierz ignam. Korzystając z otworu w ruszcie o normalnej wielkości, zetrzyj batat, aż otrzymasz 1 ½ lekko ubitych filiżanek. Włożyć do miski.
c) Zdejmij nasadkę do tarki z robota kuchennego i dodaj zwykłe ostrze w kształcie litery „S". Posiekaj czosnek, kolendrę i imbir, aż będą drobno posiekane.
d) Dodaj odsączoną ciecierzycę i ponownie przerabiaj, aż będzie drobno posiekana, ale zostaw trochę tekstury. Przełóż tę mieszaninę do miski.
e) W misce wymieszaj mieszaninę lnu i wody.
f) Zmiel płatki owsiane na mąkę za pomocą blendera lub robota kuchennego. Możesz też użyć ¾ szklanki + 1 łyżka zmielonej mąki owsianej. Wymieszaj to z mieszaniną razem z mieszanką lnu.
g) Teraz wymieszaj olej, aminokwasy/tamari, sól/pieprz i przyprawy, aż składniki się dokładnie połączą. W razie potrzeby dostosuj do smaku.
h) Uformuj 6-8 kotletów, mocno łącząc masę. Ułożyć na blasze do pieczenia.
i) Piec przez 15 minut, następnie ostrożnie odwrócić i piec przez kolejne 18-23 minuty, aż ciasto będzie złociste i jędrne. Studzimy na patelni.

34. nadziewane pomidory

SKŁADNIKI:

- 8 małych pomidorów lub 3 duże
- 4 jajka na twardo, ostudzone i obrane
- 6 łyżek Aioli lub majonezu
- Sól i pieprz
- 1 łyżka posiekanej natki pietruszki

INSTRUKCJE:

a) Pomidory zanurzyć w misce z lodowatą lub bardzo zimną wodą, po oskórowaniu ich w garnku z wrzącą wodą przez 10 sekund.

b) Odetnij wierzchołki pomidorów. Za pomocą łyżeczki lub małego, ostrego noża zeskrob nasiona i wnętrze.

c) W misce wymieszaj jajka z Aioli (lub majonezem), solą, pieprzem i natką pietruszki.

d) Napełnij pomidory farszem, mocno je dociskając. Załóż pokrywki na małe pomidory pod wesołym kątem.

e) Napełnij pomidory do góry, mocno dociskając, aż wyrównają się. Przechowywać w lodówce przez 1 godzinę, a następnie pokroić w pierścienie za pomocą ostrego noża.

f) Udekoruj pietruszką.

35. Labneh z oliwą z oliwek i za'atarem

SKŁADNIKI:
- Labneh (przecedzony jogurt)
- Oliwa z oliwek z pierwszego tłoczenia
- Mieszanka przypraw Za'atar
- Chleb Pita lub krakersy pełnoziarniste
- Świeże liście mięty do dekoracji

INSTRUKCJE:
a) Umieść labneh w misce.
b) Skropić oliwą z oliwek.
c) Posyp wierzch przyprawą Za'atar.
d) Podawać z chlebem pita lub krakersami.
e) Udekoruj listkami świeżej mięty.

36.Placki z Solonego Dorsza Z Aioli

SKŁADNIKI:

- 1 funt solonego dorsza, namoczony
- 3 ½ uncji suszonej białej bułki tartej
- ¼ funta mącznych ziemniaków, gotowanych i puree
- Oliwa z oliwek do płytkiego smażenia
- Aioli

INSTRUKCJE:

a) W rondlu wymieszaj mleko z połową dymki, zagotuj i gotuj namoczonego dorsza przez 10-15 minut, aż zacznie się łatwo łuszczyć. Usuń kości i skórę, a następnie rozdrobnij dorsza do miski.

b) Do dorsza dodać 4 łyżki puree ziemniaczanego i wymieszać drewnianą łyżką.

c) Dodawaj oliwę z oliwek, a następnie stopniowo dodawaj pozostałe puree ziemniaczane. W misce wymieszaj pozostałe dymki i pietruszkę.

d) Doprawiamy sokiem z cytryny i pieprzem do smaku.

e) W osobnej misce ubić jedno jajko, aż dobrze się połączy, a następnie schłodzić, aż masa będzie sztywna.

f) Z schłodzonej mieszanki rybnej uformuj 12–18 kulek, a następnie delikatnie spłaszcz je w małe okrągłe placki. Każdy z nich oprósz mąką, zanurz w roztrzepanym jajku i obtocz w suchej bułce tartej. Przechowywać w lodówce, aż będzie gotowy do smażenia.

g) Na dużej, ciężkiej patelni rozgrzej około ¾-calowego oleju. Smaż placki przez około 4 minuty na średnim ogniu.

h) Odwróć je i smaż przez kolejne 4 minuty lub do momentu, aż po drugiej stronie będą chrupiące i złociste.

i) Przed podaniem z Aioli odsączyć na ręcznikach papierowych.

37. Krokiety z krewetkami

SKŁADNIKI:

- 3 ½ uncji masła
- 4 uncje zwykłej mąki
- 1 ¼ litra zimnego mleka
- 14 uncji gotowanych obranych krewetek, pokrojonych w kostkę
- Oliwa z oliwek do głębokiego smażenia

INSTRUKCJE:

a) W średnim rondlu rozpuść masło i dodaj mąkę, ciągle mieszając.

b) Powoli wlewaj schłodzone mleko, ciągle mieszając, aż uzyskasz gęsty, gładki sos.

c) Dodać krewetki, obficie doprawić solą i pieprzem, następnie wymieszać z koncentratem pomidorowym. Gotuj przez kolejne 7 do 8 minut.

d) Weź niewielką łyżkę mieszanki i zwiń ją w cylinder o średnicy 1 ½ - 2 cali, tworząc krokiety.

e) Na dużej patelni o grubym dnie rozgrzej olej do głębokiego smażenia, aż osiągnie temperaturę 350°F, w przeciwnym razie kostka chleba stanie się złotobrązowa w ciągu 20-30 sekund.

f) Smaż krokiety przez około 5 minut w partiach po nie więcej niż 3 lub 4 sztuki, aż uzyskają złoty kolor.

g) Za pomocą łyżki cedzakowej wyjmij krokiety, odsącz na papierze kuchennym i natychmiast podawaj.

38. Chrupiące placuszki z krewetkami

SKŁADNIKI:
- ½ funta małych krewetek, obranych
- 1 ½ szklanki ciecierzycy lub zwykłej mąki
- 1 łyżka posiekanej świeżej natki pietruszki płaskolistnej
- 3 szalotki, biała część i trochę delikatnych zielonych wierzchołków, drobno posiekane
- ½ łyżeczki słodkiej papryki/pimentonu

INSTRUKCJE:

a) Ugotuj krewetki w rondlu z wystarczającą ilością wody, aby je przykryć, i zagotuj na dużym ogniu.

b) W misce wymieszaj mąkę, pietruszkę, szalotkę i pimentón, aby przygotować ciasto. Dodać szczyptę soli i ostudzoną wodę z gotowania.

c) Mieszaj lub przetwarzaj, aż uzyskasz konsystencję nieco grubszą niż ciasto naleśnikowe. Schłodzić przez 1 godzinę.

d) Drobno posiekaj krewetki.

e) Wyjmij ciasto z lodówki i dodaj posiekane krewetki.

f) Na ciężkiej patelni rozgrzej oliwę z oliwek na dużym ogniu, aż zacznie prawie dymić.

g) Wlać 1 łyżkę ciasta do oleju na każdy placek, spłaszczyć go na placek o średnicy 3 ½ cala.

h) Smażyć przez około 1 minutę z każdej strony lub do momentu, aż placki będą złociste i chrupiące.

i) Wyjmij placki za pomocą łyżki cedzakowej i ułóż je w naczyniu żaroodpornym.

j) Podawaj od razu.

39. Kalmary Z Rozmarynem I Olejkiem Chili

SKŁADNIKI:
- 1 funt świeżych kalmarów, oczyszczonych i pokrojonych w pierścienie
- ½ szklanki oliwy z oliwek
- 2 ząbki czosnku, posiekane
- 1 łyżka świeżego rozmarynu, drobno posiekanego
- 1 łyżeczka płatków czerwonego chili (dostosuj do smaku)

INSTRUKCJE:
a) Rozgrzej oliwę z oliwek na dużej patelni na średnim ogniu.
b) Na patelnię dodaj posiekany czosnek, posiekany rozmaryn i płatki czerwonego chili. Smaż przez 1-2 minuty, aż czosnek zacznie pachnieć.
c) Dodaj pokrojone kalmary na patelnię, mieszając, aby pokryły je aromatyzowanym olejem. Gotuj przez 2-3 minuty lub do momentu, aż kalmary staną się nieprzezroczyste i po prostu ugotowane.
d) Dopraw solą i pieprzem do smaku.
e) Zdejmij patelnię z ognia i przełóż kalmary na talerz.
f) Skrop kalmary pozostałym olejem smakowym.
g) Udekoruj posiekaną świeżą pietruszką i podawaj na gorąco z plasterkami cytryny z boku.

40.Sałatka Tortellini

SKŁADNIKI:

- 1 opakowanie tortellini z serem trójkolorowym
- ½ szklanki pokrojonej w kostkę pepperoni
- ¼ szklanki pokrojonej szalotki
- 1 pokrojona w kostkę zielona papryka
- 1 szklanka przekrojonych na połówki pomidorków koktajlowych

INSTRUKCJE:

a) Ugotuj tortellini zgodnie z instrukcją na opakowaniu, następnie odcedź.

b) W dużej misce wymieszaj tortellini z pokrojoną w kostkę pepperoni, pokrojoną w plasterki cebulką, pokrojoną w kostkę zieloną papryką, połówkami pomidorków koktajlowych i wszelkimi dodatkowymi pożądanymi składnikami.

c) Polać wierzch sosem włoskim.

d) Wszystko wymieszaj do połączenia.

e) Przed podaniem odstawić na 2 godziny do schłodzenia.

41. Sałatka z makaronem caprese

SKŁADNIKI:
- 2 szklanki ugotowanego makaronu penne
- 1 szklanka pesto
- 2 pokrojone pomidory
- 1 szklanka pokrojonego w kostkę sera mozzarella
- Sól i pieprz do smaku

INSTRUKCJE:

a) Makaron ugotować zgodnie z instrukcją na opakowaniu, następnie odcedzić.

b) W dużej misce wymieszaj makaron z pesto, posiekanymi pomidorami i pokrojonym w kostkę serem mozzarella.

c) Doprawić solą, pieprzem i oregano.

d) Skropić wierzch czerwonym octem winnym.

e) Przed podaniem odstawić na 1 godzinę do lodówki.

42. Tost balsamiczny

SKŁADNIKI:

- 1 szklanka pozbawionych pestek i pokrojonych w kostkę pomidorów romskich
- ¼ szklanki posiekanej bazylii
- ½ szklanki startego sera pecorino
- 1 zmielony ząbek czosnku
- 1 łyżka octu balsamicznego

INSTRUKCJE:

a) W naczyniu miksującym połącz pokrojone w kostkę pomidory, posiekaną bazylię, posiekany ser pecorino i zmielony czosnek.
b) W małej misce wymieszaj ocet balsamiczny i 1 łyżkę oliwy z oliwek; odłożyć na bok.
c) Skropić kromki chleba francuskiego oliwą z oliwek i posypać sproszkowanym czosnkiem i bazylią.
d) Połóż kromki chleba na blasze do pieczenia i opiekaj przez 5 minut w temperaturze 350 stopni.
e) Wyjmij z piekarnika i posyp tostowy chleb mieszanką pomidorów i sera.
f) W razie potrzeby doprawić solą i pieprzem.
g) Natychmiast podawaj.

43. Kulki do pizzy

SKŁADNIKI:
- 1 funt pokruszonej mielonej kiełbasy
- 2 szklanki mieszanki Bisquick
- 1 posiekana cebula
- 3 posiekane ząbki czosnku
- 2 szklanki startego sera mozzarella

INSTRUKCJE:
a) Rozgrzej piekarnik do 400 stopni Fahrenheita.
b) W misce wymieszaj pokruszoną mieloną kiełbasę, mieszankę Bisquick, posiekaną cebulę, posiekany czosnek i posiekany ser mozzarella.
c) Dodaj tylko tyle wody, aby mieszanina była wykonalna.
d) Rozwałkuj mieszaninę na 1-calowe kulki.
e) Ułóż kulki na przygotowanej blasze do pieczenia.
f) Posyp kulki pizzy parmezanem.
g) Piec w piekarniku nagrzanym do 350°F przez 20 minut.
h) Podawać z pozostałym sosem do pizzy z boku do maczania.

44. Przekąski z przegrzebków i prosciutto

SKŁADNIKI:

- ½ szklanki pokrojonego w cienkie plasterki prosciutto
- 3 łyżki serka śmietankowego
- 1 funt przegrzebków
- 3 łyżki oliwy z oliwek
- 3 posiekane ząbki czosnku

INSTRUKCJE:

a) Nałóż niewielką warstwę serka śmietankowego na każdy plasterek prosciutto.
b) Następnie owiń plasterek prosciutto wokół każdej przegrzebki i zabezpiecz wykałaczką.
c) Na patelni rozgrzej oliwę z oliwek.
d) Smaż czosnek przez 2 minuty na patelni.
e) Dodać przegrzebki owinięte w folię i smażyć po 2 minuty z każdej strony.
f) Wyciśnij nadmiar płynu papierowym ręcznikiem.

45. Bakłażany Z Miodem

SKŁADNIKI:
- 3 łyżki miodu
- 3 bakłażany
- 2 szklanki mleka
- 1 łyżka soli
- 100 g mąki

INSTRUKCJE:

a) Bakłażany pokroić w cienkie plasterki.

b) W naczyniu miksującym wymieszaj bakłażany. Do miski wlej tyle mleka, aby całkowicie zakryło bakłażany. Doprawić szczyptą soli.

c) Pozostawić na co najmniej godzinę do namoczenia.

d) Wyjmij bakłażany z mleka i odłóż je na bok. Każdy kawałek oprósz mąką oraz mieszanką soli i pieprzu.

e) Na patelni rozgrzej oliwę z oliwek. Smażymy w głębokim tłuszczu plastry bakłażana w temperaturze 180 stopni C.

f) Połóż smażone bakłażany na ręcznikach papierowych, aby wchłonęły nadmiar oleju.

g) Skropić bakłażany miodem.

h) Natychmiast podawaj.

46. Dip z pieczonej czerwonej papryki i fety

SKŁADNIKI:
- 1 szklanka pieczonej czerwonej papryki (ze słoika), odsączonej
- 1/2 szklanki sera feta, pokruszonego
- 2 łyżki oliwy z oliwek z pierwszego tłoczenia
- 1 łyżeczka suszonego oregano
- 1 ząbek czosnku, posiekany

INSTRUKCJE:

a) W robocie kuchennym zmiksuj pieczoną czerwoną paprykę, fetę, oliwę z oliwek, mielony czosnek i oregano na gładką masę.
b) Przełożyć do miski do serwowania.
c) Podawać z chipsami pita lub paluszkami warzywnymi.

47. Hiszpańsko-marokański kebab wołowy

SKŁADNIKI:

- ½ szklanki soku pomarańczowego
- 2 łyżeczki oliwy z oliwek
- 1 ½ łyżeczki soku z cytryny
- 1 łyżeczka suszonego oregano
- 10 uncji chudej wołowiny bez kości, pokrojonej w 2-calowe kostki

INSTRUKCJE:

a) Aby przygotować marynatę, w misce wymieszaj sok pomarańczowy, oliwę z oliwek, sok z cytryny i suszone oregano.

b) Do marynaty dodać kostki wołowe, wymieszać. Przechowywać w lodówce przez co najmniej 2 godziny lub przez noc.

c) Rozgrzej grill i pokryj ruszt nieprzywierającym sprayem do gotowania.

d) Na patyczki do szaszłyków nabijamy kostki marynowanej wołowiny.

e) Grilluj szaszłyki przez 15-20 minut, często obracając i smarując zarezerwowaną marynatą, aż będą gotowe według twoich upodobań.

f) Podawać na gorąco.

48. Marokański hummus z awokado

SKŁADNIKI:
- 1 szklanka hummusu
- 1 dojrzałe awokado, pokrojone w kostkę
- 1 łyżka soku z cytryny
- 1 łyżka posiekanej świeżej natki pietruszki
- 1 łyżka orzeszków piniowych (opcjonalnie)

INSTRUKCJE:

a) W misce delikatnie wymieszaj pokrojone w kostkę awokado z hummusem.
b) Skrop mieszaninę sokiem z cytryny.
c) Posypać posiekaną natką pietruszki i orzeszkami piniowymi.
d) Podawać z pełnoziarnistymi krakersami lub plasterkami ogórka.

49. Marokańskie tosty pomidorowe

SKŁADNIKI:
- 4 dojrzałe pomidory, pokrojone w kostkę
- 1/4 szklanki świeżej bazylii, posiekanej
- 2 łyżki oliwy z oliwek z pierwszego tłoczenia
- 1 ząbek czosnku, posiekany
- Sól i pieprz do smaku

INSTRUKCJE:

a) W misce wymieszaj pokrojone w kostkę pomidory, posiekaną bazylię, przeciśnięty przez praskę czosnek i oliwę z oliwek.
b) Doprawić solą i pieprzem.
c) Pozostaw mieszaninę do marynowania na 15-20 minut.
d) Nałóż masę pomidorową na podpieczone plastry bagietki.

50. Chrupiąca włoska mieszanka popcornu

SKŁADNIKI:

- 10 filiżanek Prażony popcorn
- 3 filiżanki Kukurydziane przekąski w kształcie trąbki
- ¼ szklanki Margaryna lub masło
- 1 łyżeczka Przyprawa włoska
- ⅓ szklanki parmezan

INSTRUKCJE:

a) W dużej misce, którą można podgrzewać w kuchence mikrofalowej, połącz popcorn i przekąski kukurydziane.

b) W 1 filiżance mikro-bezpiecznej miarki połącz pozostałe składniki, z wyjątkiem sera.

c) Kuchenkę mikrofalową przez 1 minutę na poziomie WYSOKIM lub do momentu rozpuszczenia margaryny; zamieszać. Na wierzch wylej mieszankę popcornu.

d) Mieszaj, aż wszystko będzie równomiernie pokryte. Wstawić do kuchenki mikrofalowej, bez przykrycia, na 2-4 minuty, aż do zarumienienia, mieszając co minutę. Z wierzchu należy posypać parmezanem.

e) Podawać na gorąco.

51. Dip z czerwonej papryki i fety

SKŁADNIKI:

- 1 szklanka pieczonej czerwonej papryki (kupnej lub domowej roboty)
- ½ szklanki sera feta, pokruszonego
- 1 ząbek czosnku, posiekany
- 1 łyżeczka soku z cytryny
- Sól i pieprz do smaku

INSTRUKCJE:

a) W robocie kuchennym wymieszaj wszystkie składniki na gładką masę.

b) Dip podawaj z pełnoziarnistymi chipsami pita.

52. Marokański dip hummusowy

SKŁADNIKI:
- 1 szklanka hummusu
- 2 łyżki oliwy z oliwek z pierwszego tłoczenia
- 1 łyżeczka papryki
- 1 łyżka posiekanej świeżej natki pietruszki
- 1 ząbek czosnku, posiekany

INSTRUKCJE:
a) W misce wymieszaj hummus i posiekany czosnek.
b) Hummus skrop oliwą z oliwek.
c) Posypujemy z wierzchu papryką i posiekaną natką pietruszki.
d) Podawać z chlebem pita lub paluszkami świeżych warzyw.

53. Tapenada z Fety i Oliw

SKŁADNIKI:
- 1 szklanka oliwek Kalamata, bez pestek
- 1 szklanka sera feta, pokruszonego
- 2 łyżki oliwy z oliwek z pierwszego tłoczenia
- 1 łyżeczka suszonego oregano
- Skórka z 1 cytryny

INSTRUKCJE:

a) W robocie kuchennym wymieszaj oliwki, fetę, oliwę z oliwek i oregano.
b) Pulsuj, aż mieszanina osiągnie pożądaną konsystencję.
c) Wymieszaj skórkę z cytryny.
d) Podawać z krakersami lub pokrojoną bagietką.

54. Marokańskie nadziewane liście winogron

SKŁADNIKI:
- 1 słoik liści winogron, odsączonych
- 1 szklanka ugotowanej komosy ryżowej
- 1/2 szklanki pokruszonego sera feta
- 1/4 szklanki posiekanych oliwek Kalamata
- 2 łyżki oliwy z oliwek z pierwszego tłoczenia

INSTRUKCJE:

a) W misce wymieszaj ugotowaną komosę ryżową, fetę i posiekane oliwki Kalamata.
b) Połóż liść winogron na płaskiej powierzchni, dodaj łyżkę mieszanki komosy ryżowej i zwiń w ciasny cylinder.
c) Powtarzaj, aż wszystkie liście winogron zostaną wypełnione.
d) Skropić oliwą z oliwek faszerowane liście winogron.
e) Podać schłodzone.

DANIE GŁÓWNE

55. Marokańska zapiekanka z kurczakiem

SKŁADNIKI:

- 200 g małych marchewek
- 2 czerwone cebule, obrane i każdą pokrojoną na 8 krążków
- 2 łyżki oliwy z oliwek
- 2 łyżki ras-el-hanout
- 200 ml bulionu z kurczaka
- 150 g kuskusu
- 4 piersi z kurczaka ze skórą
- 2 cukinie
- 1 x 400 g puszka ciecierzycy, odsączonej i opłukanej
- 50 ml wody
- 4 łyżki posiekanej kolendry
- Sok z cytryny, do smaku
- 15 g drobno posiekanych pistacji
- Sól morska i świeżo zmielony czarny pieprz
- Płatki róż do podania (opcjonalnie)

INSTRUKCJE:

a) Rozgrzej piekarnik do 220°C/200°C z termoobiegiem/gaz 7.
b) Młode marchewki umyj, większe przekrój wzdłuż na pół. Umieścić na dużej blasze do pieczenia razem z cebulą. Skropić 1 łyżką oliwy z oliwek i posypać 1 łyżką ras-el-hanout, aż równomiernie się pokryje. Wstawić do piekarnika na 10 minut.
c) Wlać bulion z kurczaka do małego rondla, postawić na średnim ogniu i doprowadzić do wrzenia. Do miski włóż kuskus, dodaj odrobinę soli i pieprzu. Zalać gorącym bulionem, przykryć folią spożywczą i odstawić do wchłonięcia płynu.
d) Natnij skórę kurczaka ostrym nożem, następnie dopraw solą i pieprzem i posyp ½ łyżki ras-el-hanout.
e) Każdą cukinię przekrój wzdłuż na ćwiartki, a następnie na 5 cm długości i posyp pozostałą ½ łyżki ras-el-hanout. Wyjmij blachę z piekarnika i dodaj cukinię i ciecierzycę. Na wierzchu ułóż piersi z kurczaka i skrop je pozostałą łyżką oliwy z oliwek. Wlej wodę na dno patelni i włóż ponownie do piekarnika na wysoką półkę na 15 minut.
f) W międzyczasie odkrywamy kuskus i rozgniatamy go widelcem. Wymieszaj kolendrę, następnie dodaj sok z cytryny oraz sól i pieprz do smaku.
g) Wyjmij blachę do pieczenia z piekarnika i posyp pistacjami i płatkami róż (jeśli używasz). Podawaj na stół i podawaj prosto z tacy.

56. Marokański tagine z ciecierzycy

SKŁADNIKI:

- 2 łyżki oliwy z oliwek
- 1 cebula, pokrojona w kostkę
- 3 ząbki czosnku, posiekane
- 1 łyżeczka mielonego kminku
- 1 łyżeczka mielonej kolendry
- ½ łyżeczki mielonego cynamonu
- ½ łyżeczki mielonego imbiru
- ¼ łyżeczki pieprzu cayenne (opcjonalnie, na ciepło)
- 1 puszka (14 uncji) pokrojonych w kostkę pomidorów
- 2 szklanki ugotowanej ciecierzycy (lub 1 puszka, odsączonej i opłukanej)
- 1 szklanka bulionu warzywnego
- 1 szklanka pokrojonej w kostkę marchewki
- 1 szklanka pokrojonych w kostkę ziemniaków
- ½ szklanki posiekanych suszonych moreli
- ¼ szklanki posiekanej świeżej kolendry (plus więcej do dekoracji)
- Sól i pieprz do smaku

INSTRUKCJE:

a) W dużym garnku lub tagine rozgrzej oliwę z oliwek na średnim ogniu. Dodaj pokrojoną w kostkę cebulę i posiekany czosnek i smaż, aż cebula stanie się przezroczysta i pachnąca.

b) Do garnka dodaj mielony kminek, mieloną kolendrę, mielony cynamon, mielony imbir i pieprz cayenne (jeśli używasz). Dobrze wymieszaj, aby przyprawy pokryły cebulę i czosnek.

c) Dodajemy pokrojone w kostkę pomidory (wraz z sokiem) i mieszamy do połączenia się z przyprawami.

d) Do garnka dodać ugotowaną ciecierzycę, bulion warzywny, pokrojoną w kostkę marchewkę, pokrojone w kostkę ziemniaki i posiekane suszone morele. Mieszaj, aby połączyć wszystkie składniki.

e) Doprowadzić mieszaninę do wrzenia, a następnie zmniejszyć ogień do niskiego. Przykryj garnek i gotuj na wolnym ogniu przez około 45 minut do 1 godziny lub do momentu, aż warzywa będą miękkie, a smaki się połączą.

f) Wymieszać z posiekaną świeżą kolendrą i doprawić solą i pieprzem do smaku.

g) Gotuj tagine przez dodatkowe 5 minut, aby smaki się połączyły.

h) Podawaj tagine z ciecierzycy marokańskiej w miskach, udekorowane dodatkową posiekaną świeżą kolendrą.

57. Marokański gulasz z ciecierzycy

SKŁADNIKI:
- 1 łyżka oliwy z oliwek
- 1 cebula, pokrojona w kostkę
- 2 ząbki czosnku, posiekane
- 1 marchewka, pokrojona w kostkę
- 1 czerwona papryka, pokrojona w kostkę
- 1 łyżeczka mielonego kminku
- 1 łyżeczka mielonej kolendry
- ½ łyżeczki mielonej kurkumy
- ½ łyżeczki mielonego cynamonu
- 1 puszka (14 uncji) pokrojonych w kostkę pomidorów
- 2 szklanki ugotowanej ciecierzycy (lub 1 puszka, opłukana i odsączona)
- 2 szklanki bulionu warzywnego o niskiej zawartości sodu
- Sól i pieprz do smaku
- Świeża kolendra lub pietruszka, posiekana, do dekoracji

INSTRUKCJE:
a) W dużym garnku rozgrzej oliwę z oliwek na średnim ogniu. Dodać cebulę, czosnek, marchewkę i czerwoną paprykę. Gotuj, aż warzywa zmiękną.
b) Do garnka dodać kminek, kolendrę, kurkumę i cynamon. Dobrze wymieszaj, aby przyprawy pokryły warzywa.
c) Dodajemy pokrojone w kostkę pomidory, ciecierzycę i bulion warzywny. Dopraw solą i pieprzem do smaku.
d) Doprowadź gulasz do wrzenia, następnie zmniejsz ogień i gotuj na wolnym ogniu przez 15-20 minut, aby smaki się połączyły.
e) Podawaj gulasz z ciecierzycy po marokańsku udekorowany świeżą kolendrą lub pietruszką.

58. Miski z ciecierzycy z przyprawami marokańskimi

SKŁADNIKI:
- 3 łyżki (45 ml) oliwy z awokado lub oliwy z oliwek z pierwszego tłoczenia, podzielone
- ½ średniej cebuli, pokrojonej w kostkę
- 2 ząbki czosnku, posiekane
- 2 łyżeczki (4 g) harissy
- 1 łyżeczka (5 g) koncentratu pomidorowego
- 2 łyżeczki (4 g) mielonego kminku
- 1 łyżeczka (2 g) papryki
- ½ łyżeczki mielonego cynamonu
- Sól koszerna i świeżo zmielony czarny pieprz
- 2 szklanki (400 g) ciecierzycy, odsączonej
- 1 (14 uncji, czyli 392 g) puszka pomidorów pokrojonych w kostkę
- ¾ szklanki (125 g) bulguru
- 1½ szklanki (355 ml) wody
- 8 pakowanych szklanek (560 g) posiekanego jarmużu
- 2 awokado, obrane, wypestkowane i pokrojone w cienkie plasterki
- 4 jajka sadzone
- 1 przepis Miętowy sos jogurtowy

INSTRUKCJE:

a) Rozgrzej 2 łyżki (30 ml) oleju na patelni na średnim ogniu, aż zacznie lśnić. Dodaj cebulę i smaż, mieszając od czasu do czasu, aż będzie miękka i pachnąca, około 5 minut. Wymieszaj czosnek, harissę, koncentrat pomidorowy, kminek, paprykę, cynamon, sól i pieprz i smaż przez 2 minuty. Wymieszaj ciecierzycę i pomidory. Doprowadzić do wrzenia, następnie zmniejszyć ogień do małego i gotować przez 20 minut. W międzyczasie przygotuj bulgur.

b) Połącz bulgur, wodę i dużą szczyptę soli w średnim rondlu. Doprowadzić do wrzenia. Zmniejsz ogień do niskiego, przykryj i gotuj na wolnym ogniu do miękkości, od 10 do 15 minut.

c) Na patelni na średnim ogniu rozgrzej pozostałą 1 łyżkę stołową (15 ml) oleju, aż zacznie lśnić. Dodać jarmuż i doprawić solą. Gotuj, mieszając od czasu do czasu, aż będzie miękka i zwiędnięta, około 5 minut.

d) Przed podaniem rozłóż bulgur pomiędzy miskami. Na wierzchu ułóż ciecierzycę i pomidory, jarmuż, awokado i jajko. Skropić miętowym sosem jogurtowym.

59. Marokańska duszona łopatka jagnięca z morelą

SKŁADNIKI:

- 3 funty łopatki jagnięcej bez kości, pokrojonej na kawałki o wielkości od 1½ do 2 cali
- Sól koszerna i świeżo zmielony czarny pieprz
- Oliwa z oliwek z pierwszego tłoczenia
- 1 żółta cebula, pokrojona w średnią kostkę
- 1 marchewka, obrana i pokrojona w krążki o grubości ½ cala
- 4 ząbki czosnku, posiekane
- 1 (1-calowy) kawałek imbiru, obrany i posiekany
- 2 łyżki ras el hanout
- 1 (14 do 15 uncji) puszka pomidorów pokrojonych w kostkę
- 1 szklanka bulionu z kurczaka
- ½ szklanki wody
- ½ szklanki suszonych moreli lub daktyli bez pestek, posiekanych
- Sok z ½ cytryny
- ¼ szklanki blanszowanych migdałów, podprażonych i grubo posiekanych, do dekoracji
- ¼ szklanki całych liści kolendry do dekoracji

INSTRUKCJE:

a) Obsmaż jagnięcinę. Rozgrzej piekarnik do 325°F. Dopraw jagnięcinę 1 łyżką soli i 1 ½ łyżeczki pieprzu. W holenderskim piekarniku rozgrzej 1 łyżkę oliwy z oliwek na średnim poziomie, aż będzie gorąca. Pracując partiami i w razie potrzeby dodając więcej oleju, dodaj jagnięcinę w jednej warstwie. Gotuj, przewracając od czasu do czasu, przez 10 do 15 minut na partię, aż dobrze się zarumieni ze wszystkich stron. Przełożyć na talerz.

b) Gotuj warzywa. Wyrzuć z garnka wszystko oprócz 1 łyżki tłuszczu. Dodać cebulę, marchewkę, czosnek i imbir. Gotuj, mieszając od czasu do czasu i zeskrobując przyrumienione kawałki z dna garnka, przez 1 do 2 minut, aż cebula lekko zmięknie. Dodaj ras el hanout. Gotuj, często mieszając, przez około 1 minutę, aż zacznie wydzielać zapach. Włóż jagnięcinę z powrotem do garnka wraz z pozostałym sokiem i krótko mieszaj, aby pokryła się przyprawami.

c) Udusić jagnięcinę. Dodać pomidory i ich sok, wymieszać do połączenia. Doprawić solą i pieprzem. Dodać bulion i wodę i wymieszać do dokładnego połączenia. Podgrzej do wrzenia na średnim ogniu. Zdejmij z ognia i przykryj kółkiem z pergaminu. Przykryj i włóż do piekarnika. Dusić przez około 1 godzinę 45 minut, aż jagnięcina będzie bardzo miękka.

d) Zakończ duszenie. Wyjmij z piekarnika; wyrzuć pergaminowy okrąg. Wymieszaj morele i odstaw na 10 do 15 minut, aż morele będą pulchne. Wymieszaj sok z cytryny. Przełożyć jagnięcinę do naczynia do serwowania. Udekoruj migdałami i listkami kolendry i podawaj.

60. Marokańskie burgery z jagnięciną i harissą

SKŁADNIKI:
- 500 g mielonej jagnięciny
- 2 łyżki pasty harissa
- 1 łyżka nasion kminku
- 2 pęczki marchewki tradycyjnej
- 1/2 pęczka mięty, zerwane liście
- 1 łyżka czerwonego octu winnego
- 80 g czerwonego sera Leicester, grubo startego
- Bułeczki brioche z 4 nasionami, podzielone
- 1/3 szklanki (65 g) twarogu

INSTRUKCJE:
a) Blachę do pieczenia wyłóż papierem do pieczenia. Mięso włóż do miski i obficie dopraw. Dodaj 1 łyżkę harissy i czystymi rękami dobrze wymieszaj.
b) Z mieszanki jagnięcej uformuj 4 kotlety i posyp nasionami kminku. Ułożyć na przygotowanej tacy, przykryć i schłodzić do momentu, aż będzie potrzebne (przed gotowaniem doprowadzić paszteciki do temperatury pokojowej).
c) W międzyczasie w misce wymieszaj marchewkę, miętę i ocet i odstaw do lekkiego zamarynowania.
d) Rozgrzej grill lub patelnię grillową do średnio-wysokiej temperatury. Grilluj placki przez 4-5 minut z każdej strony lub do momentu, aż utworzy się dobra skórka. Posyp serem, przykryj (użyj folii, jeśli używasz patelni do grillowania) i gotuj, bez obracania, przez kolejne 3 minuty lub do momentu, aż ser się roztopi, a paszteciki będą ugotowane.
e) Grilluj bułeczki brioche, przecięciem do dołu, przez 30 sekund lub do momentu, aż lekko się zarumienią. Rozłóż twaróg pomiędzy spody bułek, a następnie posyp mieszanką marynowanej marchwi.
f) Dodaj paszteciki i pozostałą 1 łyżkę harissy. Załóż pokrywki i dociśnij tak, aby harissa wyciekła po bokach i utknęła w środku.

61. Zapiekanka z ryżu i ciecierzycy po marokańsku

SKŁADNIKI:
- Spray do smażenia na oliwie z oliwek
- 1 szklanka brązowego ryżu długoziarnistego
- 2 ¼ szklanki bulionu z kurczaka
- 1 (15,5 uncji) puszka ciecierzycy, odsączona i przepłukana
- ½ szklanki pokrojonej w kostkę marchewki
- ½ szklanki zielonego groszku
- 1 łyżeczka mielonego kminku
- ½ łyżeczki mielonej kurkumy
- ½ łyżeczki mielonego imbiru
- ½ łyżeczki proszku cebulowego
- ½ łyżeczki soli
- ¼ łyżeczki mielonego cynamonu
- ¼ łyżeczki czosnku w proszku
- ¼ łyżeczki czarnego pieprzu
- Świeża natka pietruszki, do dekoracji

INSTRUKCJE:
a) Rozgrzej frytkownicę powietrzną do 380°F. Lekko posmaruj wnętrze naczynia żaroodpornego o pojemności 5 filiżanek sprayem do smażenia na oliwie z oliwek. (Kształt naczynia żaroodpornego będzie zależał od wielkości frytkownicy, ale musi być w stanie pomieścić co najmniej 5 filiżanek.)
b) W naczyniu żaroodpornym wymieszaj ryż, bulion, ciecierzycę, marchewkę, groszek, kminek, kurkumę, imbir, cebulę w proszku, sól, cynamon, czosnek w proszku i czarny pieprz. Dobrze wymieszaj, aby połączyć.
c) Przykryj luźno folią aluminiową.
d) Przykryte naczynie żaroodporne włóż do frytownicy i piecz przez 20 minut. Wyjmij z frytkownicy i dobrze wymieszaj.
e) Włóż zapiekankę z powrotem do frytkownicy, bez przykrycia i piecz przez kolejne 25 minut.
f) Przed podaniem wymieszać łyżką i posypać świeżą posiekaną natką pietruszki.

62. Marokańskie miski z łososiem i kaszą jaglaną

SKŁADNIKI:
- ¾ szklanki (130 g) kaszy jaglanej
- 2 szklanki (470 ml) wody
- Sól koszerna i świeżo zmielony czarny pieprz
- 3 łyżki (45 ml) oliwy z awokado lub oliwy z oliwek z pierwszego tłoczenia, podzielone
- ½ szklanki (75 g) suszonych porzeczek
- ¼ szklanki (12 g) drobno posiekanej świeżej mięty
- ¼ szklanki (12 g) drobno posiekanej świeżej pietruszki
- 3 średnie marchewki
- 1 ½ łyżki (9 g) harissy
- 1 łyżeczka (6 g) miodu
- 1 ząbek czosnku, posiekany
- ½ łyżeczki mielonego kminku
- ½ łyżeczki mielonego cynamonu
- 4 (4–6 uncji, 115–168 g) filety z łososia
- ½ średniego ogórka angielskiego, posiekanego
- 2 pakowane kubki (40 g) rukoli
- 1 przepis Miętowy sos jogurtowy

INSTRUKCJE:

a) Rozgrzej piekarnik do 425°F (220°C lub stopień gazu 7).

b) Dodaj kaszę jaglaną do dużego, suchego rondla i opiekaj na średnim ogniu do złotego koloru, od 4 do 5 minut. Dodaj wodę i dużą szczyptę soli. Woda będzie pryskać, ale szybko się uspokoi.

c) Doprowadzić do wrzenia. Zmniejsz ogień do niskiego, dodaj 1 łyżkę stołową (15 ml) oleju, przykryj i gotuj na wolnym ogniu, aż większość wody zostanie wchłonięta, przez 15 do 20 minut. Zdejmij z ognia i gotuj na parze w garnku przez 5 minut. Po ostygnięciu dodać porzeczki, miętę i pietruszkę.

d) W międzyczasie obierz i pokrój marchewki w krążki o grubości 1,3 cm. W średniej misce wymieszaj 1½ łyżki (23 ml) oliwy, harissę, miód, czosnek, sól i pieprz. Dodać marchewkę i wymieszać do połączenia.

e) Rozłóż równą warstwą po jednej stronie wyłożonej pergaminem blachy do pieczenia. Piecz marchewki przez 12 minut.

f) W małej misce wymieszaj pozostałe ½ łyżki stołowej (7 ml) oleju, kminek, cynamon i ½ łyżeczki soli. Posmaruj filety z łososia.

g) Wyjmij blachę do pieczenia z piekarnika. Przewróć marchewki, a następnie połóż łososia na drugiej stronie. Piec, aż łosoś będzie ugotowany i łatwo się łuszczy, od 8 do 12 minut, w zależności od grubości.

h) Przed podaniem rozłóż kaszę jaglaną pomiędzy miskami. Na wierzch ułóż filet z łososia, pieczoną marchewkę, ogórek i rukolę i skrop sosem miętowo-jogurtowym.

63.Gulasz z fasoli fava i mięsa

SKŁADNIKI:

- 1 funt chudej wołowiny
- Lub jagnięcina; cięcie
- Na średniej wielkości kawałki
- Sól i pieprz
- 1 łyżeczka Ożywić
- ½ łyżeczki Kurkuma
- 4 ząbki czosnku; zgnieciony
- 1 duża cebula; drobno posiekane
- ½ szklanki drobno posiekanych świeżych liści kolendry
- 1 ½ szklanki wody
- 4 łyżki oliwy z oliwek
- 2 szklanki świeżej fasoli fava
- Lub 19-uncjowe favy w puszkach; osuszony
- 5 łyżek Sok cytrynowy
- ½ szklanki czarnych oliwek bez pestek; opcjonalny

INSTRUKCJE:

a) W garnku umieścić mięso, sól, pieprz, imbir, kurkumę, czosnek, cebulę, kolendrę (kolendrę), wodę i olej; następnie przykryj i smaż na średnim ogniu, aż mięso będzie miękkie. (90 minut lub więcej)
b) Dodaj fasolę fava i kontynuuj gotowanie, aż fasola będzie miękka.
c) Wymieszaj sok z cytryny. Przełóż do miski i udekoruj oliwkami.

64. Marokańskie chilli jagnięce

SKŁADNIKI:

- 2 funty mielonej jagnięciny
- 2 łyżki oliwy z oliwek
- 1 duża cebula, posiekana
- 4 ząbki czosnku, posiekane
- 2 czerwone papryki, posiekane
- 1 puszka (28 uncji) pokrojonych w kostkę pomidorów, bez odsączenia
- 2 puszki (15 uncji każda) ciecierzycy, odsączonej i opłukanej
- 2 łyżki pasty harissa
- 1 łyżeczka mielonego cynamonu
- 1/2 łyżeczki mielonego imbiru
- Sól i pieprz do smaku

INSTRUKCJE:

a) Rozgrzej oliwę z oliwek w dużym garnku na średnim ogniu.
b) Dodaj cebulę i czosnek i smaż, aż cebula będzie przezroczysta.
c) Dodaj mieloną jagnięcinę i smaż, aż się zrumieni.
d) Dodaj czerwoną paprykę i kontynuuj gotowanie przez 5 minut.
e) Dodać pokrojone w kostkę pomidory, ciecierzycę, pastę harissa, cynamon, imbir, sól i pieprz.
f) Doprowadzić do wrzenia, następnie zmniejszyć ogień do małego i gotować przez 30 minut.
g) Podawaj na gorąco i ciesz się!

65. Puree z fasoli fava - bissara

SKŁADNIKI:
- 2 szklanki dużej, suchej fasoli fava; namoczone przez noc
- I osuszone
- 3 ząbki czosnku; zgnieciony
- Sól; do smaku
- ½ szklanki oliwy z oliwek
- 8 szklanek wody
- 5 łyżek soku z cytryny
- 2 łyżeczki kminku
- 1 łyżeczka papryki
- ½ łyżeczki chili w proszku
- ½ szklanki posiekanej natki pietruszki

INSTRUKCJE:

a) Do garnka włóż fasolę fava, czosnek, sól, 4 łyżki oliwy z oliwek i wodę; następnie gotuj na średnim ogniu, aż fasola będzie miękka.

b) Umieść fasolę w robocie kuchennym i zmiksuj, aż będzie gładka, a następnie wróć do garnka. Dodaj sok z cytryny i kminek, gotuj przez 5 minut na małym ogniu.

c) Nałóż łyżką na talerz do serwowania. Wlać równomiernie pozostałą oliwę z oliwek na wierzch; następnie posyp papryką i chilli w proszku.

d) Udekoruj natką pietruszki i podawaj.

66. Tagine z jagnięciną i gruszką

SKŁADNIKI:

- 2 media Cebule; obrane i pokrojone w plasterki
- 1 łyżka oliwy z oliwek; światło
- 6 uncji Jagnięcina; pokrojone w kostkę, przycięte
- 1 łyżka Madery
- ½ łyżeczki Mielony kminek
- ½ łyżeczki Mielona kolendra
- ½ łyżeczki Tarty imbir
- ¼ łyżeczki Mielony cynamon; lub więcej, jeśli chcesz
- ½ łyżeczki mielonego czarnego pieprzu
- 1 ½ szklanki zimnej wody; lub zakryć
- 1 łyżeczka miodu
- 1 duża gruszka Bosc; wydrążone i podzielone na kawałki, następnie pokrojone na kawałki o wielkości 1/2 cala (pozostała skórka)
- ¼ szklanki złotych rodzynek bez pestek LUB rodzynek
- 2 łyżki stołowe Płatki migdałów; Opieczony
- Sól i pieprz; do smaku
- 1 ½ szklanki gotowanego ryżu; zmieszane z
- 1 łyżeczka posiekanej świeżej bazylii
- 1⅓ szklanki pokrojonej marchewki; gotowane na parze

INSTRUKCJE:

a) W dużym rondlu delikatnie podsmaż cebulę na oliwie z oliwek, aż będzie miękka i słodka (20 minut). Na patelnię wrzucamy mięso i smażymy, aż zmieni kolor. Dodaj przyprawy; mieszać aż do ogrzania i wyschnięcia. Dodaj wino i szybko je spal. Następnie dodaj zimną wodę z kranu, tak aby przykryła mięso. Przykryj i gotuj na wolnym ogniu, aż mięso będzie miękkie, około 45 minut.

b) Odkryć. Do mięsa dodać gruszki, rodzynki i migdały (krótko podgrzane na suchej patelni). Gotuj na wolnym ogniu przez kolejne 10 do 15 minut lub do momentu, aż gruszki będą miękkie, ale nie za miękkie. Posmakuj i dostosuj sól i pieprz.

c) Jeżeli sos wydaje się zbyt rzadki, zagęścić go marantą lub skrobią ziemniaczaną. Podawać na ryżu z marchewką obok.

67. Zupa z ryżu i soczewicy z Marakeszu

SKŁADNIKI:

- ¼ szklanki soczewicy; namoczone przez noc
- 7 szklanek wody
- 2 łyżki stołowe Oliwa z oliwek
- ½ szklanki Drobno posiekane liście świeżej kolendry
- 1 łyżeczka Papryka
- ½ szklanki ryżu; spłukany
- Sól i pieprz
- ½ łyżeczki kminku
- 1 sztuka chili w proszku
- 2 łyżki stołowe Mąka; rozpuszczony w
- ½ szklanki wody
- ¼ szklanki soku z cytryny

INSTRUKCJE:

a) Soczewica nie wymaga moczenia; i zazwyczaj je sortujemy i myjemy przed użyciem. Jeżeli są namoczone, możemy skrócić czas gotowania o połowę.
b) W rondelku umieść soczewicę, wodę z której się moczyła, oliwę z oliwek, liście kolendry i paprykę. Doprowadzić do wrzenia na dużym ogniu.
c) Przykryj i gotuj na średnim ogniu przez 25 minut; następnie dodaj pozostałe składniki z wyjątkiem mieszanki mąki i soku z cytryny i gotuj przez kolejne 20 minut lub do momentu, aż ziarna ryżu będą miękkie, ale nadal całe.
d) Zdejmij z ognia i powoli dodaj pastę z mąki i sok z cytryny.
e) Wróć do ognia i zagotuj. Natychmiast podawaj.

68. Gęsta zupa z ciecierzycy i mięsa / hareera

SKŁADNIKI:
- ¼ funta Ciecierzyca; namoczone przez noc
- ½ szklanki masła
- 2 szklanki posiekanej cebuli; podzielony
- Sól i pieprz
- ½ funta Kości jagnięce lub wołowe
- 1 szczypta cynamonu
- 1 szczypta szafranu
- 3 litry wody
- ½ szklanki drobno posiekanych świeżych liści kolendry
- 2 szklanki soku pomidorowego
- 1 szklanka ryżu; spłukany
- 3 łyżki Mąka
- ½ szklanki drobno posiekanej świeżej pietruszki
- ¼ szklanki soku z cytryny; opcjonalny

INSTRUKCJE:

a) Ciecierzycę przekrój i usuń skórkę. Odłożyć na bok.

b) Rozpuść masło w rondlu, następnie dodaj 1 szklankę cebuli, sól i pieprz. Smażyć na średnim ogniu, aż cebula stanie się jasnobrązowa.

c) Mięso oddziel od kości i pokrój w kostkę. Wymieszaj pokrojone w kostkę mięso i kości na patelnię i smaż dalej, aż mięso stanie się jasnobrązowe. Dodaj pozostałą szklankę cebuli, ciecierzycę, cynamon, szafran i 1 litr wody i gotuj, aż ciecierzyca będzie gotowa. Dodaj 1 łyżkę liści kolendry i gotuj przez kolejne 5 minut. Odłożyć na bok.

d) W innym garnku gotuj pozostałe dwie kwarty wody, sok pomidorowy, sól i pieprz przez 5 minut. Dodaj ryż i ponownie zagotuj; następnie zmniejsz ogień i gotuj na wolnym ogniu, aż ryż będzie gotowy.

e) Wymieszaj mąkę z 3 łyżkami zimnej wody, aby uzyskać cienką pastę. Powoli wmieszaj pastę do mieszanki ryżowej. Dodaj resztę kolendry i pietruszki. Gotuj przez kolejne 5 minut. Połącz mieszaninę mięsa i ryżu i podawaj.

69. Marokańska miska Quinoa

SKŁADNIKI:
- 1 szklanka ugotowanej komosy ryżowej
- 1 szklanka pomidorków koktajlowych, przekrojonych na połówki
- 1 ogórek, pokrojony w kostkę
- ½ szklanki ciecierzycy, odsączonej i opłukanej
- ¼ szklanki oliwek Kalamata, pokrojonych w plasterki

INSTRUKCJE:

a) W misce wymieszaj ugotowaną komosę ryżową, pomidorki koktajlowe, ogórek, ciecierzycę i oliwki Kalamata.
b) Wymieszaj składniki razem.
c) Udekoruj świeżą natką pietruszki.
d) Podawać w temperaturze pokojowej lub schłodzone.

70.Kurczak Marsala

SKŁADNIKI:

- ¼ szklanki mąki
- Sól i pieprz do smaku
- 4 ubite piersi z kurczaka bez kości
- ¼ szklanki masła
- 1 szklanka marsali

INSTRUKCJE:

a) W misce wymieszaj mąkę, sól i pieprz.
b) Obtocz ubite piersi z kurczaka w mieszance mąki.
c) Na dużej patelni rozpuść masło.
d) Smaż panierowane piersi z kurczaka po 4 minuty z każdej strony.
e) Na tej samej patelni dodaj marsalę i smaż kurczaka przez dodatkowe 10 minut na małym ogniu.
f) Usmażonego kurczaka przełóż na talerz.

71. Marokański Wrap Warzywny

SKŁADNIKI:
- 1 wrap pełnoziarnisty lub podpłomyk
- 2 łyżki hummusu
- ½ szklanki mieszanej sałaty zielonej
- ¼ szklanki ogórka, pokrojonego w cienkie plasterki
- ¼ szklanki pomidorków cherry, przekrojonych na połówki

INSTRUKCJE:

a) Rozłóż hummus równomiernie na opakowaniu pełnoziarnistym.

b) Ułóż warstwy mieszanej sałaty, ogórka i pomidorków koktajlowych.

c) Zwiń ciasno folię i przekrój ją na pół.

72. Kurczak z czosnkowym serem Cheddar

SKŁADNIKI:
- ¼ szklanki masła
- ½ szklanki startego parmezanu
- ½ szklanki bułki tartej Panko
- 1 ¼ szklanki ostrego sera Cheddar
- 8 piersi z kurczaka

INSTRUKCJE:

a) Rozgrzej piekarnik do 350 stopni Fahrenheita.
b) Na patelni rozpuść masło i smaż posiekany czosnek przez 5 minut.
c) W dużej misce wymieszaj parmezan, bułkę tartą Panko, ser cheddar, przyprawę włoską, sól i pieprz.
d) Zanurz każdą pierś kurczaka w roztopionym maśle, a następnie obtocz w mieszance bułki tartej.
e) Umieść każdą panierowaną pierś kurczaka w naczyniu do pieczenia.
f) Posmaruj wierzch pozostałym masłem.
g) Rozgrzej piekarnik do 350°F i piecz przez 30 minut.
h) Aby uzyskać dodatkową chrupkość, umieść pod grillem na 2 minuty.

73. Krewetki Z Sosem Kremowym Pesto

SKŁADNIKI:

- 1 opakowanie makaronu linguine
- 1 łyżka oliwy z oliwek
- 1 szklanka pokrojonych w plasterki grzybów
- ½ szklanki gęstej śmietanki
- 1 szklanka pesto

INSTRUKCJE:

a) Makaron ugotować zgodnie z instrukcją na opakowaniu, następnie odcedzić.

b) Na patelni rozgrzej oliwę i smaż pokrojone w plasterki grzyby przez 5 minut.

c) Wymieszaj gęstą śmietanę, dopraw solą, pieprzem i pieprzem cayenne i gotuj na wolnym ogniu przez 5 minut.

d) Dodaj starty ser Pecorino Romano i mieszaj, aż się rozpuści.

e) Wymieszaj pesto i ugotowane krewetki, następnie gotuj przez dodatkowe 5 minut.

f) Ugotowany makaron polej sosem.

74. Hiszpański ratatuj

SKŁADNIKI:
- 1 średniej wielkości cebula (pokrojona w plasterki lub posiekana)
- 1 ząbek czosnku
- 1 cukinia (posiekana)
- 1 puszka pomidorów (posiekanych)
- 3 łyżki oliwy z oliwek

INSTRUKCJE:
a) Na patelnię wlać oliwę.
b) Wrzucić cebulę. Pozostaw na 4 minuty do smażenia na średnim ogniu.
c) Wrzuć czosnek i kontynuuj smażenie przez kolejne 2 minuty.
d) Na patelnię dodaj pokrojoną cukinię i pomidory. Doprawić do smaku solą i pieprzem.
e) Gotuj przez 30 minut lub do momentu, aż będzie gotowe.
f) W razie potrzeby udekoruj świeżą natką pietruszki.
g) Podawać z ryżem lub tostami jako dodatek do dania głównego.

75. Krewetki Z Koprem Włoskim

SKŁADNIKI:
- 2 ząbki czosnku (w plasterkach)
- 2 łyżki oliwy z oliwek
- 1 bulwa kopru włoskiego
- 600 g pomidorków koktajlowych
- 15 dużych krewetek, obranych

INSTRUKCJE:

a) W dużym rondlu rozgrzej olej. Smaż pokrojony czosnek na złoty kolor.

b) Dodaj koper włoski na patelnię i gotuj przez 10 minut na małym ogniu.

c) W dużej misce wymieszaj pomidory, sól, pieprz, sherry manzanilla i białe wino. Gotuj przez 7 minut, aż sos zgęstnieje.

d) Na wierzchu ułóż obrane krewetki i smaż przez 5 minut lub do momentu, aż krewetki zmienią kolor na różowy.

e) Udekoruj liśćmi pietruszki.

f) Podawać z kawałkiem chleba.

76. Pieczony łosoś marokański

SKŁADNIKI:
- 4 filety z łososia
- 2 łyżki oliwy z oliwek
- 2 łyżki soku z cytryny
- 2 ząbki czosnku, posiekane
- 1 łyżeczka suszonego oregano

INSTRUKCJE:

a) Rozgrzej piekarnik do 400°F (200°C).

b) W małej misce wymieszaj oliwę z oliwek, sok z cytryny, posiekany czosnek, suszone oregano, sól i pieprz.

c) Filety z łososia układamy na blasze wyłożonej papierem do pieczenia.

d) Posmaruj łososia mieszanką oliwy z oliwek.

e) Piec w nagrzanym piekarniku przez 20-25 minut lub do momentu, aż łosoś będzie ugotowany.

f) Podawaj pieczonego łososia marokańskiego z ulubionymi ziarnami lub ze świeżą sałatką.

77. zupa z białej fasoli

SKŁADNIKI:
- 1 posiekana cebula
- 2 łyżki oliwy z oliwek
- 2 posiekane łodygi selera
- 3 posiekane ząbki czosnku
- 4 szklanki fasoli cannellini z puszki

INSTRUKCJE:

a) Na dużej patelni rozgrzej olej.
b) Gotuj seler i cebulę przez około 5 minut.
c) Dodajemy posiekany czosnek i mieszamy do połączenia. Gotuj przez kolejne 30 sekund.
d) Dodaj fasolę cannellini z puszki, 2 szklanki bulionu z kurczaka, rozmaryn, sól i pieprz, a także brokuły.
e) Doprowadzić płyn do wrzenia, a następnie zmniejszyć ogień na mały ogień na 20 minut.
f) Zmiksuj zupę ręcznym blenderem, aż uzyska pożądaną gładkość.
g) Zmniejsz ogień do małego i posyp oliwą truflową.
h) Zupę nalewamy do naczyń i podajemy.

78. Krewetka gambas

SKŁADNIKI:
- 1/2 szklanki oliwy z oliwek
- Sok z 1 cytryny
- 2 łyżeczki soli morskiej
- 24 średnio duże krewetki w skorupach z nienaruszonymi głowami

INSTRUKCJE:

a) W misce wymieszaj oliwę z oliwek, sok z cytryny i sól i wymieszaj, aż składniki się dokładnie połączą. Aby lekko pokryć krewetki, zanurz je w mieszance na kilka sekund.

b) Na suchej patelni rozgrzej olej na dużym ogniu. Pracując partiami, dodawaj krewetki w jednej warstwie, nie zapychając patelni, gdy jest bardzo gorąca. 1 minuta smażenia

c) Zmniejsz ogień do średniego i gotuj przez dodatkową minutę. Zwiększ ogień do wysokiego i smaż krewetki przez kolejne 2 minuty lub do złotego koloru.

d) Trzymaj krewetki w cieple w niskim piekarniku na żaroodpornym talerzu.

e) W ten sam sposób ugotuj pozostałe krewetki.

79. Grillowany kurczak z ziołami cytrynowymi

SKŁADNIKI:
- 4 piersi z kurczaka bez kości i skóry
- 2 cytryny
- 2 łyżki oliwy z oliwek
- 2 łyżeczki suszonego oregano
- Sól i pieprz do smaku

INSTRUKCJE:

a) Rozgrzej grill na średnio-wysokim ogniu.

b) W misce wymieszaj sok z jednej cytryny, oliwę, suszone oregano, sól i pieprz.

c) Umieść piersi kurczaka w zamykanej plastikowej torbie i zalej je marynatą. Zamknij torebkę i pozostaw do marynowania na co najmniej 30 minut.

d) Grilluj kurczaka przez około 6-8 minut z każdej strony lub do momentu, aż będzie całkowicie ugotowany.

e) Przed podaniem grillowanego kurczaka wyciśnij sok z pozostałej cytryny.

80. Makaron Pomidorowo-Bazyliowy

SKŁADNIKI:

- 8 uncji spaghetti pełnoziarnistego
- 2 szklanki pomidorków koktajlowych, przekrojonych na połówki
- 1/4 szklanki świeżej bazylii, posiekanej
- 2 łyżki oliwy z oliwek z pierwszego tłoczenia
- 2 ząbki czosnku, posiekane

INSTRUKCJE:

a) Ugotuj spaghetti zgodnie z instrukcją na opakowaniu.

b) W dużej misce połącz pomidorki koktajlowe, świeżą bazylię, oliwę z oliwek i posiekany czosnek.

c) Wrzuć ugotowane spaghetti do miski i mieszaj, aż składniki się dobrze połączą.

d) Podawać natychmiast, opcjonalnie udekorowane dodatkową świeżą bazylią.

81. Pieczony łosoś z salsą marokańską

SKŁADNIKI:
- 4 filety z łososia
- 1 szklanka pomidorków koktajlowych, pokrojonych w kostkę
- 1/2 ogórka, pokrojonego w kostkę
- 1/4 szklanki oliwek Kalamata, pokrojonych w plasterki
- 2 łyżki oliwy z oliwek z pierwszego tłoczenia
- 1 łyżka świeżego soku z cytryny

INSTRUKCJE:

a) Rozgrzej piekarnik do 400°F (200°C).

b) Filety z łososia układamy na blasze wyłożonej papierem do pieczenia.

c) W misce wymieszaj pokrojone w kostkę pomidorki koktajlowe, ogórek, oliwki, oliwę z oliwek i sok z cytryny, aby przygotować salsę.

d) Połóż salsę na filetach z łososia.

e) Piec przez 15-20 minut lub do momentu, aż łosoś będzie ugotowany.

82. Gulasz z ciecierzycy i szpinaku

SKŁADNIKI:
- 2 puszki (15 uncji każda) ciecierzycy, odsączonej i opłukanej
- 1 cebula, posiekana
- 3 ząbki czosnku, posiekane
- 1 puszka (14 uncji) pokrojonych w kostkę pomidorów
- 4 szklanki świeżego szpinaku
- Sól i pieprz do smaku

INSTRUKCJE:

a) W dużym garnku podsmaż posiekaną cebulę i czosnek, aż zmiękną.
b) Dodać ciecierzycę i pokrojone w kostkę pomidory wraz z sokiem. Dobrze wymieszać.
c) Gotuj na wolnym ogniu przez 15-20 minut, pozwalając, aby smaki się przegryzły.
d) Dodać świeży szpinak i smażyć, aż zwiędnie.
e) Przed podaniem dopraw solą i pieprzem do smaku.

83. Szaszłyki z krewetek cytrynowo-czosnkowych

SKŁADNIKI:
- 1 funt dużych krewetek, obranych i oczyszczonych
- 3 łyżki oliwy z oliwek
- 3 ząbki czosnku, posiekane
- Skórka z 1 cytryny
- 2 łyżki posiekanej świeżej pietruszki

INSTRUKCJE:

a) Rozgrzej grill lub patelnię grillową.

b) W misce wymieszaj oliwę, przeciśnięty przez praskę czosnek, skórkę z cytryny i posiekaną natkę pietruszki.

c) Nadziewaj krewetki na patyczki do szaszłyków i posmaruj mieszanką cytrynowo-czosnkową.

d) Grilluj szaszłyki z krewetek przez 2-3 minuty z każdej strony lub do momentu, aż będą nieprzezroczyste.

e) Podawać z dodatkowymi cząstkami cytryny.

84. Miska na sałatkę z komosy ryżowej

SKŁADNIKI:
- 1 szklanka ugotowanej komosy ryżowej
- 1 ogórek, pokrojony w kostkę
- 1 szklanka pomidorków koktajlowych, przekrojonych na połówki
- 1/2 szklanki sera feta, pokruszonego
- 2 łyżki czerwonego octu winnego

INSTRUKCJE:

a) W misce połącz ugotowaną komosę ryżową, ogórek, pomidorki koktajlowe i ser feta.

b) Skropić czerwonym octem winnym i wymieszać.

c) Podawać jako orzeźwiającą sałatkę z komosy ryżowej.

85.Gulasz z bakłażana i ciecierzycy

SKŁADNIKI:
- 1 duży bakłażan, pokrojony w kostkę
- 1 puszka (15 uncji) ciecierzycy, odsączona i opłukana
- 1 puszka (14 uncji) pokrojonych w kostkę pomidorów
- 1 cebula, posiekana
- 2 łyżki oliwy z oliwek

INSTRUKCJE:

a) W dużym garnku na oliwie podsmaż posiekaną cebulę, aż zmięknie.

b) Dodać pokrojone w kostkę bakłażany, ciecierzycę i pokrojone w kostkę pomidory wraz z sokiem.

c) Gotuj na wolnym ogniu przez 20-25 minut lub do momentu, aż bakłażan będzie miękki.

d) Przed podaniem dopraw solą i pieprzem do smaku.

86.Dorsz pieczony w ziołach cytrynowych

SKŁADNIKI:
- 4 filety z dorsza
- Sok z 2 cytryn
- 3 łyżki oliwy z oliwek
- 2 łyżeczki suszonego tymianku
- Sól i pieprz do smaku

INSTRUKCJE:

a) Rozgrzej piekarnik do 400°F (200°C).

b) Filety z dorsza ułożyć w naczyniu do zapiekania.

c) W misce wymieszaj sok z cytryny, oliwę, suszony tymianek, sól i pieprz.

d) Powstałą mieszaniną polej filety z dorsza.

e) Piecz przez 15-20 minut lub do momentu, gdy dorsz będzie łatwo łuskać się widelcem.

87. Marokańska sałatka z soczewicy

SKŁADNIKI:

- 1 szklanka ugotowanej soczewicy
- 1 ogórek, pokrojony w kostkę
- 1 szklanka pomidorków koktajlowych, przekrojonych na połówki
- 1/4 szklanki czerwonej cebuli, drobno posiekanej
- 2 łyżki winegretu balsamicznego

INSTRUKCJE:

a) W dużej misce połącz ugotowaną soczewicę, pokrojony w kostkę ogórek, pomidorki koktajlowe i posiekaną czerwoną cebulę.
b) Skropić sosem balsamicznym i wymieszać.
c) Podawać jako pożywną sałatkę z soczewicy.

88. Papryka faszerowana szpinakiem i fetą

SKŁADNIKI:

- 4 papryki przekrojone na pół i usunięte z nasion
- 2 szklanki świeżego szpinaku, posiekanego
- 1 szklanka sera feta, pokruszonego
- 1 puszka (14 uncji) pokrojonych w kostkę pomidorów, odsączonych
- 2 łyżki oliwy z oliwek

INSTRUKCJE:

a) Rozgrzej piekarnik do 190°C (375°F).

b) W misce wymieszaj posiekany szpinak, ser feta, pokrojone w kostkę pomidory i oliwę z oliwek.

c) Nadziewaj każdą połówkę papryki mieszanką szpinaku i fety.

d) Piec przez 25-30 minut lub do momentu, aż papryka będzie miękka.

89. Sałatka z krewetek i awokado

SKŁADNIKI:

- 1 funt krewetek, obranych i oczyszczonych
- 2 awokado, pokrojone w kostkę
- 1 szklanka pomidorków koktajlowych, przekrojonych na połówki
- 2 łyżki posiekanej świeżej kolendry
- Sok z 1 limonki

INSTRUKCJE:

a)   Smażyć krewetki na patelni, aż będą różowe i nieprzezroczyste.

b)   W misce wymieszaj ugotowane krewetki, pokrojone w kostkę awokado, pomidorki koktajlowe i posiekaną kolendrę.

c)   Skropić sokiem z limonki i delikatnie wymieszać do połączenia.

d)   Podawać jako orzeźwiającą sałatkę z krewetek i awokado.

90. Włoskie Pieczone Udka Z Kurczaka

SKŁADNIKI:
- 4 udka z kurczaka, z kością i skórą
- 1 puszka (14 uncji) pokrojonych w kostkę pomidorów, bez odsączenia
- 2 łyżki oliwy z oliwek
- 2 łyżeczki przyprawy włoskiej
- Sól i pieprz do smaku

INSTRUKCJE:

a) Rozgrzej piekarnik do 190°C (375°F).

b) Umieść udka z kurczaka w naczyniu do pieczenia.

c) W misce wymieszaj pokrojone w kostkę pomidory, oliwę, przyprawę włoską, sól i pieprz.

d) Wlać mieszaninę pomidorów na udka kurczaka.

e) Piec przez 35-40 minut lub do momentu, aż kurczak osiągnie wewnętrzną temperaturę 165°F (74°C).

91.Papryka nadziewana komosą ryżową

SKŁADNIKI:
- 4 papryki przekrojone na pół i usunięte z nasion
- 1 szklanka ugotowanej komosy ryżowej
- 1 puszka (15 uncji) czarnej fasoli, odsączona i przepłukana
- 1 szklanka ziaren kukurydzy (świeżych lub mrożonych)
- 1 szklanka salsy

INSTRUKCJE:

a) Rozgrzej piekarnik do 190°C (375°F).

b) W misce wymieszaj ugotowaną komosę ryżową, czarną fasolę, kukurydzę i salsę.

c) Włóż mieszaninę komosy ryżowej do każdej połówki papryki.

d) Piec przez 25-30 minut lub do momentu, aż papryka będzie miękka.

DESER

92. Marokańskie ciasto z pomarańczą i kardamonem

SKŁADNIKI:

- 2 pomarańcze, wyszorowane
- Nasiona z 6 zielonych strąków kardamonu, rozgniecione
- 6 dużych jaj
- Opakowanie 200 g zmielonych migdałów
- 50 g polenty
- 25 g mąki samorosnącej
- 2 łyżeczki proszku do pieczenia
- 1 łyżka płatków migdałowych
- Do podania jogurt grecki lub śmietanka

INSTRUKCJE:

a) Całe pomarańcze włóż do garnka, zalej wodą i gotuj przez 1 godzinę, aż nóż z łatwością je przebije. W razie potrzeby umieść małą pokrywkę rondelka bezpośrednio na górze, aby były zanurzone.
b) Wyjąć pomarańcze, ostudzić, następnie pokroić na ćwiartki, usunąć nasiona i rdzeń. Zmiksuj na gęste purée za pomocą ręcznego blendera lub robota kuchennego, a następnie umieść w dużej misce.
c) Rozgrzej piekarnik do 160C/140C z termoobiegiem/gaz 3.
d) Wyłóż spód i boki tortownicy o średnicy 21 cm z luźnym dnem pergaminem do pieczenia.
e) Kardamon i jajka ubić na puree pomarańczowym.
f) Wymieszaj zmielone migdały z polentą, mąką i proszkiem do pieczenia, następnie dodaj do pomarańczowej mieszanki, aż dobrze się wymieszają.
g) Przełóż masę do formy, wyrównaj wierzch i piecz przez 40 minut.
h) Po 40 minutach posyp ciasto płatkami migdałów, włóż ponownie do piekarnika i piecz przez kolejne 20-25 minut, aż patyczek wbity w środek będzie suchy.
i) Wyjąć z formy i pozostawić do ostygnięcia.
j) Podawać w plasterkach jako ciasto lub z jogurtem greckim lub śmietaną jako deser.

93. Marokański sorbet pomarańczowy

SKŁADNIKI:
- 4 szklanki świeżego soku pomarańczowego
- ½ szklanki miodu
- Skórka z 1 pomarańczy
- 1 łyżka soku z cytryny

INSTRUKCJE:

a) W misce wymieszaj świeży sok pomarańczowy, miód, skórkę pomarańczową i sok z cytryny. Mieszaj, aż miód się rozpuści.

b) Wlać mieszaninę do maszyny do lodów i ubić zgodnie z instrukcją producenta.

c) Po ubijaniu sorbet przełóż do zamykanego pojemnika i przechowuj w zamrażarce przez co najmniej 2 godziny przed podaniem.

d) Łykaj i ciesz się!

94. Tarta Morelowo-Migdałowa

SKŁADNIKI:
- 1 arkusz ciasta francuskiego, rozmrożonego
- ½ szklanki mąki migdałowej
- ¼ szklanki miodu
- 1 łyżeczka ekstraktu migdałowego
- 1 szklanka świeżych moreli, pokrojonych w plasterki

INSTRUKCJE:

a) Rozgrzej piekarnik do 190°C (375°F). Rozwałkuj ciasto francuskie na blasze do pieczenia.

b) W misce wymieszaj mąkę migdałową, miód i ekstrakt migdałowy.

c) Na cieście francuskim rozsmaruj masę migdałową.

d) Na wierzchu ułóż pokrojone w plasterki morele.

e) Piec przez 20-25 minut lub do momentu, aż ciasto będzie złotobrązowe.

f) Przed pokrojeniem poczekaj, aż tarta ostygnie.

95.Marokańskie Pieczone Brzoskwinie

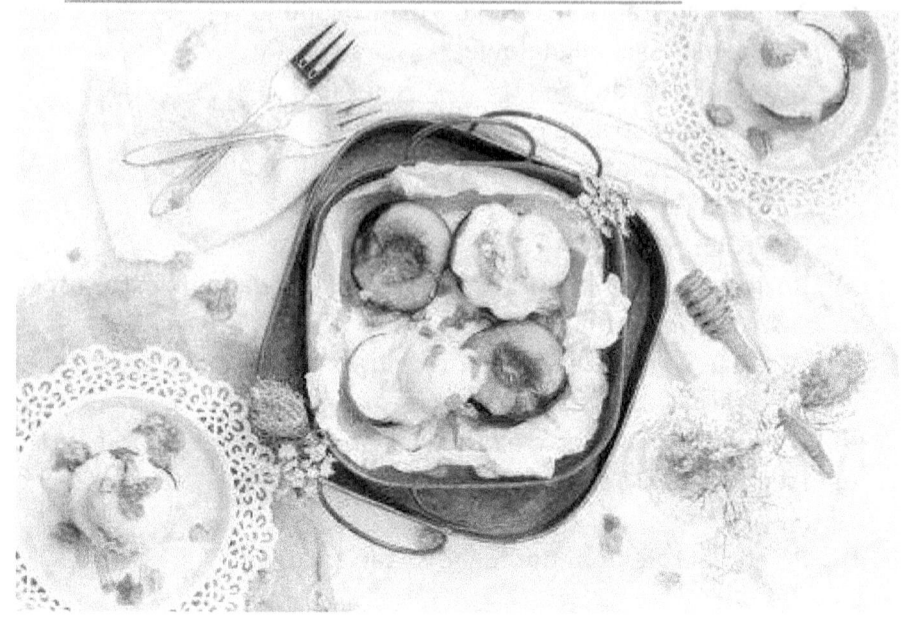

SKŁADNIKI:
- 4 dojrzałe brzoskwinie, przekrojone na połówki i pozbawione pestek
- 2 łyżki miodu
- ¼ szklanki posiekanych orzechów włoskich lub migdałów
- 1 łyżeczka mielonego cynamonu
- 1 łyżka oliwy z oliwek extra virgin

INSTRUKCJE:
a) Rozgrzej piekarnik do 190°C (375°F).
b) Ułóż połówki brzoskwiń, przecięciem do góry, w naczyniu do pieczenia.
c) Każdą połówkę brzoskwini skrop miodem.
d) Posyp równomiernie posiekane orzechy na brzoskwiniach.
e) Posyp brzoskwinie mielonym cynamonem.
f) Skropić z wierzchu oliwą z oliwek z pierwszego tłoczenia.
g) Piec w nagrzanym piekarniku przez 20-25 minut lub do momentu, aż brzoskwinie będą miękkie.
h) Wyjmij z piekarnika i przed podaniem pozwól im lekko ostygnąć.

96.Ciasteczka z oliwą i cytryną

SKŁADNIKI:

- 2 szklanki mąki migdałowej
- ¼ szklanki oliwy z oliwek
- ¼ szklanki miodu
- Skórka z 1 cytryny
- ½ łyżeczki sody oczyszczonej

INSTRUKCJE:

a) Rozgrzej piekarnik do 180°C (350°F). Blachę do pieczenia wyłóż papierem pergaminowym.

b) W misce wymieszaj mąkę migdałową, oliwę z oliwek, miód, skórkę z cytryny i sodę oczyszczoną, aż powstanie ciasto.

c) Odrywaj porcje ciasta wielkości łyżki i formuj kulki. Ułożyć na przygotowanej blasze do pieczenia.

d) Każdą kulkę spłaszczamy widelcem, tworząc wzór krzyżowy.

e) Piec przez 10-12 minut lub do momentu, aż krawędzie staną się złotobrązowe.

f) Przed podaniem pozwól ciasteczkom ostygnąć.

97. Marokańska sałatka owocowa

SKŁADNIKI:
- 2 szklanki mieszanych owoców jagodowych (truskawki, jagody, maliny)
- 1 szklanka pokrojonego w kostkę arbuza
- 1 szklanka pokrojonego w kostkę ananasa
- 1 łyżka świeżej mięty, posiekanej
- 1 łyżka miodu

INSTRUKCJE:
a) W dużej misce połącz zmieszane jagody, arbuza i ananasa.
b) Posyp posiekaną miętą owoce.
c) Sałatkę skrop miodem i delikatnie wymieszaj.
d) Przed podaniem przechowywać w lodówce przez co najmniej 30 minut.

98. Marokański Miód i Pudding

SKŁADNIKI:
- ½ szklanki kuskusu
- 1 ½ szklanki mleka migdałowego (lub dowolnego innego mleka)
- 3 łyżki miodu
- ½ łyżeczki mielonego cynamonu
- ¼ szklanki posiekanych suszonych fig

INSTRUKCJE:

a) W rondlu doprowadź mleko migdałowe do delikatnego wrzenia.

b) Dodać kuskus, przykryć i dusić na małym ogniu przez około 10 minut lub do momentu, aż kuskus będzie miękki.

c) Wymieszać z miodem i mielonym cynamonem. Gotuj przez dodatkowe 2-3 minuty.

d) Zdejmij rondelek z ognia i pozwól mu lekko ostygnąć.

e) Wymieszać z posiekanymi suszonymi figami.

f) Rozłóż budyń pomiędzy miskami.

g) Podawać na ciepło lub schłodzone.

99. Ciasto bez mąki z migdałami i pomarańczą

SKŁADNIKI:

- 1 szklanka mąki migdałowej
- ¾ szklanki cukru
- 3 duże jajka
- Skórka z 1 pomarańczy
- ¼ szklanki świeżego soku pomarańczowego

INSTRUKCJE:

a) Rozgrzej piekarnik do 180°C (350°F). Natłuść i wyłóż formę do ciasta.

b) W misce wymieszaj mąkę migdałową, cukier, jajka, skórkę pomarańczową i świeży sok pomarańczowy, aż masa będzie gładka.

c) Ciasto wlać do przygotowanej formy.

d) Piec przez 25-30 minut lub do momentu, gdy wykałaczka wbita w środek będzie czysta.

e) Przed pokrojeniem poczekaj, aż ciasto ostygnie.

100. Ciasto z pomarańczą i oliwą z oliwek

SKŁADNIKI:
- 2 szklanki mąki migdałowej
- 1 szklanka cukru
- 4 duże jajka
- ½ szklanki oliwy z oliwek z pierwszego tłoczenia
- Skórka z 2 pomarańczy

INSTRUKCJE:

a) Rozgrzej piekarnik do 180°C (350°F). Natłuszczamy i oprószamy mąką formę do pieczenia ciasta.

b) W dużej misce wymieszaj mąkę migdałową, cukier, jajka, oliwę z oliwek i skórkę pomarańczową, aż dobrze się połączą.

c) Wlać ciasto do przygotowanej formy i piec przez 30-35 minut lub do momentu, aż wykałaczka wbita w środek będzie sucha.

d) Pozostaw ciasto do ostygnięcia, a następnie przed podaniem posyp cukrem pudrem.

WNIOSEK

Kończąc naszą pełną smaku podróż po „Najlepszej marokańskiej książce kucharskiej", mamy nadzieję, że doświadczyłeś radości odkrywania ponadczasowego i czarującego świata kuchni marokańskiej. Każdy przepis na tych stronach jest celebracją świeżości, przypraw i gościnności, które definiują dania marokańskie – świadectwo bogatej różnorodności smaków, które sprawiają, że kuchnia ta jest tak uwielbiana.

Niezależnie od tego, czy delektowałeś się złożonością klasycznego tagine, rozkoszowałeś się zapachem marokańskiego kuskusu, czy też oddałeś się słodyczy pomysłowych wypieków, ufamy, że te przepisy wzbudziły Twój entuzjazm dla kuchni marokańskiej. Niech poza składnikami i technikami koncepcja odkrywania kuchni ponadczasowego kucharza stanie się źródłem więzi, świętowania i uznania dla tradycji kulinarnych, które jednoczą ludzi.

Gdy będziesz kontynuować odkrywanie świata kuchni marokańskiej, niech „Najlepsza marokańska książka kucharska" będzie Twoim zaufanym towarzyszem, prowadzącym Cię przez różnorodne dania, które oddają esencję Maroka. Za delektowanie się odważnymi i aromatycznymi smakami, dzielenie się posiłkami z bliskimi oraz cieszenie się ciepłem i gościnnością, które definiują kuchnię marokańską. B'saha!

www.ingramcontent.com/pod-product-compliance
Lightning Source LLC
Chambersburg PA
CBHW071855110526
44591CB00011B/1423